Maturidade Espiritual

52 reflexões de universitários para universitários

CONEXÃO UNIVERSITÁRIA

Publicações Pão Diário

Maturidade Espiritual:
52 reflexões de universitários para universitários
© 2023 Publicações Pão Diário. Todos os direitos reservados.

Escritores: Ana Julia Vieira, Ana Luiza de Faria, André Luiz Nobre do Nascimento, Andreza Bianca Braga Pinheiro, Andreza Cristina Cezário dos Santos, Bruna Barbosa dos Santos, Cleverson Pereira Rodrigues, Christian Maciel De Britto, Diego Xavier de Assis, Eduardo Medeiros, Emilly Vitoria Schissler de Paula, Fernanda Sousa de Figueiredo, Flávio Azambuja, Gabriel Vernizzi, Gabriela Oliveira, Giovana Pontes, Isabely de Araújo Borguezani, Jéssica Elaine Pavanelo, João Henrique Rech, Jucia Tavares da Silva, Julia Schmalz, Keryn Geovanna Greschuk, Letícia Sayuri Pastore, Letícia Perdonsin, Maria Eduarda de Vargas, Maria Luíza de Faria Harfouche Akatsuka, Matheus Augusto, Mylena dos Santos Machado, Pedro Enrico Mantovan, Rebecca Vernizzi, Roberto Olegario, Samara Leal, Sarah Regina Sanches Godoy Carvalho, Sônia Maria Vieira Azevedo, Tieme Breternitz Harfouche, Vinicius Bernardo Bueno Pires, Vinícius Cruz Barrella, Wellsif Osmar Zarske Barbosa Rodrigues, William Watson Henriques

Coordenação editorial: Adolfo A. Hickmann
Revisão: Isabely de Araújo Borguezani, Lozane Winter, Marília Pessanha Lara, Emilly Schissler
Projeto gráfico e capa: Rebeka Werner
Ilustração da capa: Gabriel Ruiz Araujo
Diagramação: Lucila Lis
Ilustrações: Giovanni Stoco

Dados Internacionais de Catalogação na Publicação (CIP)

Proibida a reprodução total ou parcial, sem prévia autorização, por escrito, da editora.
Todos os direitos reservados e protegidos pela Lei 9.610, de 19/02/1998.

HARFOUCHE, Tieme Breternitz; PAVANELO, Jéssica (Organizadoras)
Maturidade Espiritual — 52 reflexões de universitários para universitários
Curitiba/PR, Publicações Pão Diário, 2023.
1. Evangelho   2. Vida cristã   3. Estudo bíblico   4. Devocional semanal

Permissão para reprodução: permissao@paodiario.com

Exceto quando indicado o contrário, os trechos bíblicos mencionados são da Bíblia Sagrada, Nova Versão Transformadora © 2016, Editora Mundo Cristão.

Publicações Pão Diário
Caixa Postal 4190
82501-970 Curitiba/PR, Brasil
publicacoes@paodiario.org
www.publicacoespaodiario.com.br
Telefone: (41) 3257-4028

Código: E2028
ISBN: 978-65-5350-316-8

1.ª impressão 2023
Impresso no Brasil

INTRODUÇÃO

Os universitários são aqueles com buscas diversificadas, mas que se assemelham em vários pontos; aqueles que anseiam encontrar a si mesmos e um propósito pelo qual possam significar sua vida. No entanto, ao mesmo tempo, são aqueles que sofrem ao pensar no dia de amanhã, que lutam para se encaixar em um mercado de trabalho cada vez mais competitivo e fragmentado.

Diante de tal realidade, para eles, os estudantes, elaboramos o *Projeto Pão Diário Universitários* (PDU), com o objetivo de compreender suas demandas e desenvolver estratégias para ajudá-los a se encontrar em Cristo e assim conhecer melhor a si mesmos e a Deus. Dessa forma, a preocupação com o amanhã se tornará uma firme esperança no Salvador, pois, independentemente do curso, área de estudo ou faculdade/universidade, eles poderão encontrar o que precisam em Cristo para dar seguimento à sua jornada. Logo, o PDU nasceu para alcançar essa geração de estudantes brasileiros com o amor de Deus e levá-los à verdadeira compreensão de quem são em Cristo.

Nesta edição, apresentamos mais uma publicação do *Conexão Universitária*, um estudo composto de 52 reflexões semanais escritas por universitários que, dentro dos seus contextos, enfrentam seus dilemas. Ele surgiu a partir do PDU, com a percepção da demanda de um estudo que pudesse ser feito em grupo, já que a realidade de estudantes cristãos reunindo-se dentro das universidades é crescente, e também com a constatação de que isso tem atraído mais pessoas para Jesus e estabelecido uma forma de edificação mútua. Além de ser uma ferramenta de evangelismo e reflexão cristã, o *Conexão Universitária* passou a ser também um canal para que os estudantes pudessem ter voz ativa, escrevendo, participando de *podcasts* e compartilhando sobre suas experiências e sobre sua fé.

Maturidade Espiritual é o terceiro volume do *Conexão Universitária* e, em especial, esta edição foca na integralidade da vida cristã, contando com séries dispostas em cinco temas que abordam dualidades, disciplinas espirituais, dons, o fruto do Espírito e a Igreja em 52 semanas. As temáticas escolhidas têm em vista aspectos espirituais que, na prática, são vitais para o cristão. À medida que compreendemos as épocas e o agir de Deus por meio dos Seus filhos, vemos um preparo e um caminho a ser percorrido. É perceptível que há anos a ênfase na unidade e anseio por avivamento tem permeado as mensagens e os corações, e pelo Espírito Santo, isto tem sido evidente entre os filhos de Deus que, unidos em Cristo, se movem nas universidades.

Portanto, os que pertencem ao Senhor, estão sendo preparados e preparando outros em sua vocação "até que todos alcancemos a unidade que a fé e o conhecimento do Filho de Deus produzem e amadureçamos, chegando à completa medida da estatura de Cristo" (EFÉSIOS 4:13).

Que estes devocionais sejam instrumento para que você, universitário, esteja conectado à Vida de Deus, pela Sua Palavra, alicerçado sobre Seu fundamento e edificado em Cristo para crescimento, amadurecimento e frutificação, de modo que o ambiente universitário se torne um lugar onde pessoas se encontrem com Deus e o conheçam ao se conectarem com Seus filhos.

Boa leitura!

JÉSSICA PAVANELO
TIEME HARFOUCHE

SUMÁRIO

Semana 01 — Fragmentado 7
Semana 02 — Incredulidade *versus* fé 11
Semana 03 — Igreja *pra* quê? 14
Semana 04 — Santidade na pós-modernidade 18
Semana 05 — Cosmovisão cristã 22
Semana 06 — Simplificando o sagrado 25
Semana 07 — Que voz influencia sua vida? 29
Semana 08 — Disciplinas espirituais 32
Semana 09 — Bíblia, a Palavra de Deus escrita 35
Semana 10 — O Mestre da oração 38
Semana 11 — Jejum espiritual 41
Semana 12 — Ministério é serviço 44
Semana 13 — Mãos levantadas e coração vazio 47
Semana 14 — Alegria na comunhão 50
Semana 15 — Jesus, o exemplo de submissão 53
Semana 16 — O fruto do Espírito 57
Semana 17 — Paz em meio à guerra 60
Semana 18 — O amor verdadeiro 63
Semana 19 — O Deus bondoso 66
Semana 20 — Domínio próprio ou força de vontade? 69
Semana 21 — Sob a constância do Espírito 72
Semana 22 — A força do ser manso 75
Semana 23 — Existe alegria plena? 79
Semana 24 — Onde reside a paciência? 82
Semana 25 — Fidelidade no caminhar 85
Semana 26 — Dons espirituais 89
Semana 27 — Palavra de sabedoria 92
Semana 28 — Deus é fofoqueiro? 96

Semana 29 — Viver pela fé 99

Semana 30 — O mundo precisa de cura 103

Semana 31 — Vivenciando milagres 107

Semana 32 — Palavras divinas 110

Semana 33 — Cuidado para não ser enganado! 113

Semana 34 — Intimidade nas palavras 116

Semana 35 — Entendendo o que o Pai nos revela 120

Semana 36 — Jesus, o exemplo de servo 123

Semana 37 — Aprenda com Jesus 127

Semana 38 — Assim como o Senhor 130

Semana 39 — Mordomos 133

Semana 40 — Mestre e Senhor 137

Semana 41 — Compaixão do coração 140

Semana 42 — Igreja local, um lugar seguro? 143

Semana 43 — Conectados 146

Semana 44 — Fã clube gospel 149

Semana 45 — A maturidade espiritual chega quando? 152

Semana 46 — Enviados para onde? 156

Semana 47 — Crescendo em meio às provações da vida 160

Semana 48 — Dele é o reino 164

Semana 49 — O despertar da Noiva 168

Semana 50 — O retorno de Jesus 172

Semana 51 — Esperança 175

Semana 52 — Sem fim 178

FRAGMENTADO

SEMANA 1

ONDE ENCONTRAR NA BÍBLIA?

ROMANOS 12:1-2

Portanto, irmãos, suplico-lhes que entreguem seu corpo a Deus, por causa de tudo que ele fez por vocês. Que seja um sacrifício vivo e santo, do tipo que Deus considera agradável. Essa é a verdadeira forma de adorá-lo. Não imitem o comportamento e os costumes deste mundo, mas deixem que Deus os transforme por meio de uma mudança em seu modo de pensar, a fim de que experimentem a boa, agradável e perfeita vontade de Deus para vocês.

1 CORÍNTIOS 10:31

Portanto, quer vocês comam, quer bebam, quer façam qualquer outra coisa, façam para a glória de Deus.

Em qualquer um de nossos círculos de convívio, nós lidamos com opiniões divergentes e com as muitas "verdades" defendidas. Vivemos em meio a polarizações partidárias, discordâncias conceituais em nossos cursos, conflitos geracionais em nossas famílias e dúvidas interiores que nos fazem questionar se a verdade de fato existe.

Com um volume tão grande de informações, somos expostos a conceitos distorcidos, carregados de ideologias, o que pode nos levar a atuar de maneiras variadas. Somos mais politizados em um lugar, mais conciliadores em outro e ainda neutros num terceiro; assim, sofremos. Estamos cheios de meias verdades, mas vazios da verdade inteira. Vivemos fragmentados. Embora sejamos um pouquinho de cada coisa, não somos muito de nada.

FALANDO SOBRE O ASSUNTO

✥ Encontrando a Verdade

Em um mundo fragmentado e carente da verdade, a espiritualidade cristã nos convida não apenas a um conhecimento intelectual, mas a um relacionamento transformador com Cristo. A Bíblia apresenta Jesus como a verdade (JOÃO 14:6). Sendo assim, Ele pode transformar a maneira pela qual vemos a nossa vida, pois não mais a enxergamos pelo ponto de vista de ideologias e diferenças de opinião, mas pela ótica do amor, do perdão e da graça. Em Jesus descobrimos a verdade sobre nós mesmos e, quando compreendemos o grande amor dele por nós, passamos a agir por inteiro.

✥ Unificado interiormente

O apóstolo Paulo demonstrou muito bem como tal compreensão funciona. Entender a profundidade do amor de Jesus o levou a entregar-se por inteiro à transformação concedida. Paulo praticava intensamente os ritos religiosos do judaísmo e era um profundo conhecedor da filosofia e cultura de sua época. Portanto, tinha todos os ingredientes para ser alguém fragmentado e viver a partir de diversas *personas*, já que a religião e a filosofia divergiam e propunham modelos de vida distintos. Nesse contexto, somos apresentados ao relacionamento com o Cristo unificador do ser. A partir do momento de sua entrega, Paulo submeteu todas as áreas do seu ser à boa notícia do amor e graça que ele recebeu do Cristo que conheceu. Ele nos exorta a vivermos de modo integral, isto é, submetendo cada área de nossa vida à direção da Verdade em pessoa. Nas palavras do teólogo e *ex-premier* da Holanda, Abraham Kuyper, somos chamados a entender que "não há um único centímetro quadrado, em todo o domínio de nossa existência humana, sobre o qual Cristo, que é soberano sobre todos, não possa declarar: 'é meu'".

✥ Unificado nas práticas

A partir desse entendimento e dessa entrega, somos unificados também em nossas práticas. Quando submetemos cada área do nosso ser ao senhorio de Cristo, tudo que fazemos é para que as características do amor de Deus sejam expressas e, assim, o próprio Cristo seja engrandecido por nosso intermédio. Ou seja, nossas ações passam a ser revestidas de um caráter amoroso, perdoador e gracioso. Não interessa se estamos num templo, no *campus*, numa reunião religiosa, num grupo de estudos, num momento de oração ou até

mesmo numa conversa descontraída com amigos de faculdade, precisamos praticar integralmente os valores que a nova vida em Cristo nos proporciona. O nosso jeito de estudar, as expectativas sobre o trabalho, as amizades, o namoro e o agir, nas diversas áreas da nossa vida, manifestarão o nosso novo propósito: evidenciar, na prática, Jesus Cristo, a Verdade que conhecemos, ao qual entregamos cada parte de nosso ser.

A alegria da vida unificada

Uma vez unificados no fundamento do que conduz a nossa vida e na integralidade de nossa prática, adquirimos condições de viver de forma plena. Encontramos a segurança de não sermos levados por qualquer tipo de informação, posicionamento ou força ideológica, pois temos critérios claros, vindos de Cristo, que nos ajudam a ouvir, a julgar e a ficar "com o que é bom" (1 TESSALONICENSES 5:21). Além disso, temos direção e, submissos à Verdade, sabemos testar nossas motivações e agir de forma correta, evidenciando as virtudes que conhecemos e recebemos de Deus. Por fim, nos sentimos em paz. Não precisamos mais criar *personas* para os diversos ambientes em que transitamos, a fragmentação não é mais um recurso de adequação. No amor, no próprio Deus que define a nossa identidade, encontramos a tranquilidade de expressar quem somos e, portanto, nos tornamos livres para viver de maneira autêntica, intensa, boa e inteira.

QUESTÕES PARA DEBATE

1. Qual é o grande desafio em viver a partir dos conceitos da verdade que Jesus apresenta?
2. Como podemos integrar fé e estudos, espiritualidade e universidade?
3. Como a verdade de Jesus se faz presente em cada área da sua vida?

ORAÇÃO

Pai, agradecemos-te por Teu interesse em nossa existência e por teres uma vida íntegra e plena para cada um de nós. Perdoa-nos pelas vezes em que tentamos nos firmar fora de ti. Ajuda-nos a te encontrar verdadeiramente, não como um conceito religioso, mas como o Pai de amor, graça e perdão. Que Teu amor defina nossa identidade e que, a partir disso, sejamos unificados para revelar quem Tu és por meio de nossas práticas. Em nome de Jesus. Amém!

DIEGO XAVIER
Capelão — UniEVANGÉLICA

ANOTAÇÕES

FÉ *VERSUS* INCREDULIDADE

SEMANA 02

ONDE ENCONTRAR NA BÍBLIA?

HEBREUS 11:6
Sem fé é impossível agradar a Deus. Quem deseja se aproximar de Deus deve crer que ele existe e que recompensa aqueles que o buscam.

HEBREUS 12:2 NAA
...olhando firmemente para o Autor e Consumador da fé, Jesus, o qual, em troca da alegria que lhe estava proposta, suportou a cruz, sem se importar com a vergonha, e agora está sentado à direita do trono de Deus.

Pense por um instante em tudo o que sua mente conecta ao ouvir a palavra *fé*. Talvez venham à sua memória palavras como *acreditar, esperança, confiança*; ou imagens de pessoas sendo curadas, expectativas e sonhos tornando-se realidade; ou contextos com cenários religiosos; ou ainda pessoas com um brilho diferente no olhar que contagia e motiva outros. Pois bem, diante dessa questão, hoje vamos conversar um pouco sobre como conhecer a Jesus tem a ver com fé, e o quanto isso é relevante quando nos deparamos com a incredulidade.

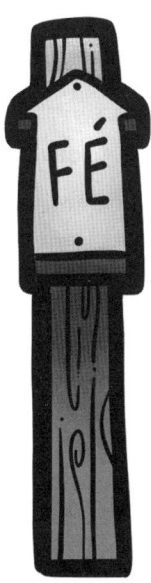

FALANDO SOBRE O ASSUNTO

🔖 O Autor e Consumador da Fé

Antes de questionar o que é fé e se você a tem ou não, convido-o a olhar para Jesus e a conhecê-lo. A Bíblia, em Hebreus 12:2, nos orienta a olhar firmemente para Jesus, "o Autor e Consumador da fé", que suportou a cruz por causa "da alegria que lhe estava proposta". Você sabe que alegria é essa? Ver "o fruto do penoso trabalho de sua alma..." (ISAÍAS 53:11 ARA), ou seja, a salvação de muitas pessoas. A *fé salvadora* tem origem e destino: Jesus Cristo. Um autor tem sua assinatura e créditos em sua obra, portanto, não podemos dissociar Cristo da fé que é "a certeza das coisas que se esperam, a convicção de fatos que não se veem" (HEBREUS 11:1 NAA).

🔖 Sem fé é impossível agradar a Deus

O Autor da fé revela, mediante Sua natureza e ações, algo muito precioso. Lembremo-nos do que Jesus disse: "...aquele [Deus Pai] que me enviou está comigo; ele não me abandonou, pois sempre faço o que lhe agrada" (JOÃO 8:29). De fato, em Cristo não havia um pingo de incredulidade ou deslize na fé, visto que "sem fé é *impossível* agradar a Deus..." (HEBREUS 11:6 – ênfase adicionada). Jesus em todo o tempo agradou ao Pai e conhecia Seu propósito eterno, ainda que isso significasse ser esmagado como oferta pelo pecado da humanidade: "Todavia, ao Senhor agradou esmagá-lo, fazendo-o sofrer. Quando ele der a sua alma como oferta pelo pecado, verá sua posteridade [...] e a vontade do Senhor prosperará nas suas mãos" (ISAÍAS 53:10 NAA).

🔖 A fé vem pelo ouvir a mensagem de Cristo

Quando a mensagem do evangelho nos é apresentada, a fé encontra lugar em nós, pois "a fé vem por ouvir, isto é, as boas-novas a respeito de Cristo" (ROMANOS 10:17) e podemos reconhecer a Jesus como Senhor e Salvador de nossa vida. Desse modo, a vida do Autor da fé é gerada em nós: "...assim já não sou eu quem vive, mas Cristo vive em mim. Portanto, *vivo neste corpo terreno pela fé no Filho de Deus*, que me amou e se entregou por mim" (GÁLATAS 2:20 – ênfase adicionada). Essa verdade confronta a incredulidade que bate à porta, ou que até mesmo já está enraizada no coração. A incredulidade não tem como habitar onde Jesus está. À medida que conhecermos o Senhor, Ele nos transforma "gradativamente à sua imagem gloriosa, deixando-nos cada vez mais parecidos com ele" (2 CORÍNTIOS 3:18). E com essa nova natureza, não nos falta fé.

QUESTÕES PARA DEBATE

1. Em meio à correria da vida universitária, você tem se lembrado de olhar firmemente para Jesus e ouvir a Sua palavra?
2. Em que aspectos de sua vida você percebe sua fé enfraquecida?
3. Leia Romanos 1:17 e 5:1; medite sobre o efeito da fé em seu relacionamento com Deus e converse com alguém a respeito disso.

ORAÇÃO

Pai, pela Tua Palavra, derrama fé em nosso coração hoje. Queremos agradar-te conhecendo os Teus propósitos e colocando a nossa fé em ação. Fixamos nosso olhar no Senhor para vencer cada desafio diante de nós sem desanimarmos. Agradecemos-te por não nos deixares sozinhos e por podermos confiar em ti, que nos amou, salvou e resgatou. Em nome de Jesus. Amém!

TIEME B. HARFOUCHE
Engenharia Florestal — UFPR

ANOTAÇÕES

SEMANA 03

IGREJA *PRA QUÊ?*

Por não entender a função da igreja e o que verdadeiramente ela representa, muitos questionam a necessidade de fazer parte dela. Essas pessoas, geralmente, utilizam um discurso como: "a igreja sou eu"; isso, na maioria das vezes, origina indivíduos conhecidos por "desigrejados".

Para trazer luz ao que hoje compreendemos como igreja, devemos considerar a etimologia do termo, visto que a palavra em português não lembra muito sua origem. *Igreja* vem da palavra grega εκκλησία (*ekklesia* ou eclésia), que pode ser traduzida literalmente como "chamados para fora". Contudo, apenas a tradução literal de tal termo não abrange seu verdadeiro e profundo significado. Afinal, o que é a igreja?

ONDE ENCONTRAR NA BÍBLIA?

MATEUS 16:18
Agora eu lhe digo que você é Pedro, e sobre esta pedra edificarei minha igreja, e as forças da morte não a conquistarão.

1 CORÍNTIOS 12:12-14
O corpo humano tem muitas partes, mas elas formam um só corpo. O mesmo acontece com relação a Cristo. Alguns de nós são judeus, alguns são gentios, alguns são escravos e alguns são livres, mas todos nós fomos batizados em um só corpo pelo único Espírito, e todos recebemos o privilégio de beber do mesmo Espírito. De fato, o corpo não é feito de uma só parte, mas de muitas partes diferentes.

EFÉSIOS 2:19-22
Portanto, vocês já não são estranhos e forasteiros, mas concidadãos do povo santo e membros da família de Deus. [...] Por meio dele, vocês também estão sendo edificados como parte dessa habitação, onde Deus vive por seu Espírito.

14 | MATURIDADE ESPIRITUAL

FALANDO SOBRE O ASSUNTO

✦ Chamados para fora?

A palavra *ekklesia* é geralmente traduzida por *igreja*, mas também pode ser traduzida por *assembleia*. Ela é a combinação de *ek*, que denota origem; e de *klesia*, derivada da expressão *kaleo*. Dessa forma, você pode traduzir *ek* como *de dentro de, de, por,* ou *para fora de*; e *kaleo* como *chamar* (em alta voz), *convidar, dar ou receber nome, chamar alguém pelo seu nome, ostentar um nome ou título.*

No final do século 6 a.c., a *pólis* de Atenas introduziu uma nova forma de governo, a democracia, e em 594 a.c. Sólon permitiu que todos os cidadãos atenienses participassem dela, exceto os *thetes* (a classe social mais baixa). Nesse contexto, a *ekklesia* era a assembleia popular, aberta a todo cidadão grego. A assembleia era responsável por declarar guerra, pensar em estratégias militares, eleger o general e os funcionários da cidade-estado, além de nomear e eleger magistrados.

No Novo Testamento, a palavra *ekklesia* aparece 114 vezes, 62 vezes apenas nas cartas de Paulo. Temos um ótimo exemplo em Mateus 16:18, quando Jesus se dirige a Pedro e diz: "...você é Pedro, e sobre esta pedra edificarei a minha igreja..."; aqui é possível perceber que essa palavra não era novidade no contexto de Jesus. De fato, a sua origem está intimamente ligada ao contexto político da democracia grega, porém, ganha novas dimensões a partir da edificação da Igreja de Jesus.

Podemos concluir que, desde sua origem, a Igreja de Cristo não é necessariamente um lugar, edifício ou construção, pois no contexto grego era a convocação dos cidadãos para exercer seus direitos políticos na *pólis* ateniense. Logo, no Novo Testamento, a *ekklesia* não significa simplesmente aqueles que são "chamados para fora", mas, parafraseando Filipenses 3:20, podemos dizer que Eclésia é a convocação de todos os cidadãos do Céu, que vivem aqui neste mundo, para a comunhão dos santos que aguardam ansiosamente a volta do Salvador.

✦ Igreja *pra* quê?

O apóstolo Paulo declara que fomos feitos "concidadãos do povo santo e membros da família de Deus", e que "juntos, somos sua casa, edificados sobre os alicerces dos apóstolos e dos profetas" (EFÉSIOS 2:19-20), da qual o próprio Cristo é a pedra angular, e nele somos firmemente unidos constituindo um templo santo para o Senhor. Isso já seria motivo suficiente para cumprirmos nosso papel como Igreja, entendendo não somente que somos um só corpo, mas que somos um só corpo *com Cristo*, sendo o lugar da Sua habitação. melhorar um pouco e pensar que já atingimos um nível suficiente. "Ah, já melhorei nisso, então está bom"; "Já vou em todos os cultos, então está bom"; "Já estou fazendo isso e aquilo, então está bom".

A igreja se manifesta, então, quando aqueles que foram chamados por Jesus se encontram e desenvolvem relacionamento; é onde aqueles que foram separados do mundo, pertencendo agora exclusivamente a Deus, prestam culto e manifestam comunhão em um local físico. Não existe assembleia de um homem só; logo, sozinho você não é a Igreja.

Assim que nos tornamos membros da família do Pai, Ele também nos convoca a fazer discípulos de todas as etnias para fazerem parte do corpo, no qual Cristo é o cabeça.

Mediante o nosso relacionamento como Igreja somos transformados, curados, tratados, forjados, aprimorados e provados. Por conta dessa realidade, amamos e damos suporte uns aos outros, pois somos um só corpo, uma só família, uma nação santa para o Senhor. Portanto, mesmo que nossa pátria seja o Céu, temos deveres e responsabilidades aqui e agora para com o nosso supremo Líder: o Deus Todo-poderoso, o Criador do Céu e da Terra, o Rei dos reis, o Senhor dos senhores, Aquele que sustenta o Universo com a palma da mão, a quem chamamos de Pai.

QUESTÕES PARA DEBATE

1. O que é a Igreja e como é possível ser parte dela?
2. Por que ter comunhão com o corpo, a família de Deus, é importante?
3. De que maneira você pode ser Igreja dentro da universidade?

ORAÇÃO

Querido Deus e Pai, Tu tens nos chamado para nos relacionarmos contigo e com os Teus filhos. Teu mandamento nos pede para que amemos o nosso próximo como amamos a nós mesmos; diante disso, pedimos-te que nos ensines a amar nossos irmãos. Ensina-nos a ser um só corpo, a ter o coração alinhado ao Teu e a ser Igreja conforme a Tua Palavra nos instrui. Livra-nos também de toda a mentira que possa prejudicar nossa comunhão como Igreja. Em nome de Jesus. Amém!

ANDRÉ NOBRE
História — UFOPA

ANOTAÇÕES

SEMANA 04

SANTIDADE NA PÓS-MODERNIDADE

Um dos grandes desafios do jovem cristão, na universidade ou fora dela, é sobreviver ao dualismo que existe entre a sincera vontade de viver em santidade diante de Deus e o apelo para satisfazer o próprio corpo, em uma sociedade que supervaloriza, incentiva e glamouriza o pecado. Continuar fiel às Escrituras e ainda ser relevante na sociedade pós-moderna é uma questão crucial para todas as gerações de cristãos ao longo da história. Contudo, parece que isso é ainda mais pertinente para aqueles que nasceram depois da Revolução Digital. O acesso ao pecado está a um clique de distância e é um perigo enfrentado, infelizmente, cada vez mais cedo na vida desta geração! No devocional de hoje, conversaremos sobre o conceito de santidade e veremos formas práticas para se proteger contra o pecado.

ONDE ENCONTRAR NA BÍBLIA?

LEVÍTICO 20:26

Sejam santos, pois eu, o SENHOR, sou santo. Separei-os de todos os outros povos para serem meus.

ROMANOS 7:22-23

Amo a lei de Deus de todo o coração. Contudo, há outra lei dentro de mim que está em guerra com minha mente e me torna escravo do pecado que permanece dentro de mim.

1 TESSALONICENSES 4:4

Cada um deve aprender a controlar o próprio corpo e assim viver em santidade e honra.

FALANDO SOBRE O ASSUNTO

É possível perceber a preocupação de grandes teólogos, ao longo dos últimos séculos, com o tema da santidade. Para exemplificar, podemos citar J. C. Ryle, no século 19, R. C. Proul, no século 20 e John Webster no século 21, entre outros. Livros excelentes foram escritos a respeito desse assunto, no decorrer da história da Igreja. Logo, vale a pena perceber o aumento de publicações sobre temas específicos, pois isso nos auxilia a compreender as necessidades e prioridades que a Igreja Cristã apresenta, ou apresentou, em determinadas épocas. Geralmente, o tema santidade é sempre abordado a partir do ponto de vista da vida prática — o que é permitido e o que não se deve fazer — a fim de se ter uma vida santa diante de Deus. Embora seja relevante observar tais coisas, manter uma lista do que é proibido não basta para garantir a constância de santidade. A partir dos textos bíblicos selecionados a seguir, podemos aprofundar um pouco mais essa questão.

A santidade nos aproxima de Deus

Sejam santos, pois eu, o SENHOR, sou santo. Separei-os de todos os outros povos para serem meus. (LEVÍTICO 20:26)

O Pentateuco apresenta o Deus Santo que separou um povo específico (Israel) para si e ofereceu a eles um estilo de vida diferenciado (ser santo). O propósito disso era aproximar o povo do Deus Único e Todo-poderoso, estabelecendo assim o relacionamento íntimo entre Deus e Seu povo. Neste sentido, o viver pautado pela santidade, nos aproxima de Deus e de Seu caráter. Por esta razão, a santidade deve ser o objetivo crucial na vida de cada cristão, visto que ela tem relação direta com a nossa identidade e com conhecer o nosso propósito durante nossa jornada na Terra. No final do século 6 a.C., a *pólis* de Atenas introduziu uma nova forma de governo, a democracia, e em 594 a.C. Sólon permitiu que todos os cidadãos atenienses partuma proposta para trabalhar em outra cidade? Graças sejam dadas a Deus, pois até mesmo escolhas erradas cooperam para o bem do objetivo primordial (ROMANOS 8:28-29).

A santidade precisa ser racionalizada

Amo a lei de Deus de todo o coração. Contudo, há outra lei dentro de mim que está em guerra com minha mente e me torna escravo do pecado que permanece dentro de mim. (ROMANOS 7:22-23)

A escolha pela santidade conduz a um caminho que gera maturidade espiritual, que, por sua vez, gera autocontrole e, com isso, o tão esperado crescimento espiritual. A santidade deve ser o meio natural que o cristão precisa adotar em seu dia a dia, para usufruir de uma vida bem-sucedida espiritualmente. Por outro lado, ao se escolher o pecado, este o levará a alimentar a natureza carnal que habita em cada ser humano. Quanto mais a natureza carnal é alimentada, a partir da satisfação momentânea que o pecado oferece, tanto mais ela controlará o pensamento e as emoções do indivíduo, exatamente como indicado por Paulo nesse versículo. A partir deste ensino do apóstolo, é possível compreender que todos os cristãos estão sujeitos a enfrentar os mesmos desafios. A natureza carnal não é extinta com o novo nascimento em Cristo, mas pode ser mortificada e controlada pelo habitar do Espírito em nós, já que Ele nos auxilia a nos afastarmos do pecado, a nos rendermos por inteiro a Deus e a vivermos em santidade.

A santidade exige esforço

Cada um deve aprender a controlar o próprio corpo e assim viver em santidade e honra. 1 Tessalonicenses 4:4

Para concluir, a santidade é algo que precisa primeiro ser gerado na mente cristã pelo Espírito, a fim de que se entenda o poder destrutivo do pecado, quando se cede a ele, e os benefícios de se ter uma vida pautada pela santidade ao seguir os passos de Cristo na Terra. Sem essa compreensão, estaremos fadados a perder a guerra contra o pecado que é travada diariamente em nosso interior. Com essa realidade em mente, é possível entender o conselho de Paulo à igreja de Tessalônica. Andar no Espírito e aprender a controlar o próprio corpo para viver em santidade só é possível para quem compreendeu a gravidade do dano causado pecado. De fato, a santidade exige um esforço diário, contudo, traz uma recompensa eterna!

QUESTÕES PARA DEBATE

1. Quais são as práticas que você adotará hoje para viver o estilo de vida da santidade?
2. Com relação ao pecado, o que você precisa deixar de praticar a fim de se aproximar de Deus?
3. Faça uma lista com duas colunas. Em uma escreva as práticas que o ajudam a se aproximar da santidade bíblica e, na outra, os pecados que o afastam dela.

ORAÇÃO

Senhor Deus e nosso Pai, oramos para que neste dia, pelo Teu Santo Espírito, Tu fortaleças os Teus filhos e ajudes aqueles que têm lutado sinceramente contra o pecado na própria vida. Concede-nos perseverança e persistência para nos levantarmos a cada queda e prosseguirmos na jornada que nos leva à santidade. Em nome de Jesus. Amém!

EDUARDO MEDEIROS
Faculdade Teológica Betânia / Parábolas Geek — Pastor da IEQ

ANOTAÇÕES

_____
_____
_____
_____
_____
_____

SEMANA 05 — COSMOVISÃO CRISTÃ

Cosmovisão é um conceito surgido dentro da Igreja Cristã, mas formulado pelo filósofo alemão Immanuel Kant. Houve várias apropriações do conceito na filosofia e na psicologia, inclusive criticando-o quanto à ideia de cosmovisão como cognição, isto é, um conjunto de ideias e crenças.

Pode-se comparar a cosmovisão a um par de óculos, por meio de cujas lentes a realidade seria interpretada e crenças, estabelecidas. Esse exemplo é aplicável; contudo, um detalhe importante é a *precedência da orientação espiritual*. Herman Dooyeweerd afirma: "A cosmovisão só é transformada quando há uma operação do Espírito Santo de Deus no coração do ser humano". Dessa forma, a inclinação muda, o coração se volta para o Deus verdadeiro e, então, torna-se possível a mudança de crenças, comportamento e outras coisas.

ONDE ENCONTRAR NA BÍBLIA?

ROMANOS 5:17

A morte reinou sobre muitos por meio do pecado de um único homem. Ainda maior, porém, é a graça de Deus e sua dádiva de justiça, e todos que a recebem reinarão em vida por meio de um único homem, Jesus Cristo.

ROMANOS 12:2

Não imitem o comportamento e os costumes deste mundo, mas deixem que Deus os transforme por meio de uma mudança em seu modo de pensar, a fim de que experimentem a boa, agradável e perfeita vontade de Deus para vocês.

COLOSSENSES 1:20

...por meio dele, o Pai reconciliou consigo todas as coisas. Por meio do sangue do Filho na cruz, o Pai fez as pazes com todas as coisas, tanto nos céus como na terra.

FALANDO SOBRE O ASSUNTO

✎ Pilares da cosmovisão cristã

Podemos delimitar alguns pilares que nos permitem identificar uma cosmovisão cristã, ou seja, grandes temas e princípios que extraímos da Palavra de Deus: a Criação, a Queda, a Redenção e a Consumação. Isso define a cosmovisão cristã, pois a narrativa bíblica de Gênesis a Apocalipse trata desses quatro temas.

A Bíblia apresenta o Deus Todo-poderoso que já existia antes da *Criação*, ou seja, desde sempre, que criou tudo de modo perfeito pelo poder da Sua Palavra. A Bíblia relata a *Queda* proveniente da desobediência do homem; com isso, a criação se corrompe, e essa corrupção não é apenas moral ou apenas espiritual, é também física (nasceram espinhos no jardim e morremos por causa do pecado). Paulo fala em Romanos 5:17 que, por meio da transgressão de um só homem, a morte passou a fazer parte da realidade de toda humanidade. Diante desse fato, temos Jesus, Filho de Deus, que é enviado para redimir a criação corrompida. Paulo declara que todas as coisas, as que estão no Céu e as que estão na Terra, são redimidas em Cristo Jesus, pois "por meio dele, o Pai reconciliou consigo todas as coisas" (COLOSSENSES 1:20). O escopo da *Redenção* é cósmico, isto é, Jesus traz o Universo inteiro de novo para Deus — o Universo que era imperfeito, caído, e que agora volta a se conectar com Deus. Por fim, aguardamos a *Consumação* dos tempos que ocorrerá com a segunda vinda de Jesus. A Bíblia encerra o Apocalipse com esta declaração: "vi novo céu e nova terra, pois o primeiro céu e a primeira terra passaram..." (APOCALIPSE 21:1 NAA), assim, teremos novamente uma criação perfeita. À luz da narrativa bíblica, são esses elementos que determinam a cosmovisão cristã.

✎ Renovação da mente

Harry Blamires, em seu livro *A mente cristã: como um cristão deve pensar?* (Ed. Shedd Publicações, 2006), afirma que a mente cristã tem a habilidade de pensar sobre qualquer coisa tendo como base e princípio a Palavra de Deus. Esse processo passa pela mudança de nossa cosmovisão e do nosso entendimento. Precisamos orar para que Deus renove nosso entendimento e nosso coração. Precisamos conhecer a Deus e estudar Sua Palavra para conhecê-la, afinal, "o povo está sendo destruído, pois lhe falta de conhecimento" (OSEIAS 4:6 NAA).

Devemos buscar a redenção, propiciada por Deus, de qualquer área que esteja ao nosso alcance. Em outras palavras, no lugar em que Ele nos colocou, devemos realizar o que Ele nos chamou para fazer. Ao usarmos nossos dons, talentos, qualidades e limites, o mover do Céu acontecerá ali. É nesse lugar que Deus realizará coisas incríveis, pois é Ele quem faz novas todas as coisas.

QUESTÕES PARA DEBATE

1. Como ter uma cosmovisão cristã faz diferença em nossa vida?
2. Leia 1 Coríntios 10:31. Qual é o desafio em viver integralmente a nossa fé?
3. De que forma as pessoas têm buscado redenção fora de Cristo?

ORAÇÃO

Senhor, agradeço-te pela revelação que Tu nos trazes por meio da Tua Palavra e, também, pelo mover do Teu Espírito em nós e por meio da nossa vida. Como redimidos, ensina-nos a viver segundo a cultura do Teu reino, de forma a influenciar os lugares em que tens nos colocado com a redenção que Tu propicias em Cristo. Ajuda-nos a manter o nosso coração e mente alinhados à Tua vontade e a aguardar em fidelidade a Consumação dos séculos. Em nome de Jesus. Amém!

CHRISTIAN BRITTO
Sociologia — UFPR

SIMPLIFICANDO O SAGRADO

SEMANA 06

ONDE ENCONTRAR NA BÍBLIA?

1 CORÍNTIOS 10:31

Portanto, quer vocês comam, quer bebam, quer façam qualquer outra coisa, façam tudo para a glória de Deus.

2 CORÍNTIOS 6:17

Portanto, afastem-se e separem-se deles, diz o Senhor. Não toquem em coisas impuras, e eu os receberei.

TITO 1:15

Para os que são puros, tudo é puro. Mas, para os corruptos e descrentes, nada é puro, pois têm a mente e a consciência corrompidas.

O maior desafio do ser humano é encontrar "o seu lugar no mundo". Ele cresce escutando histórias e sonha ser parte de alguma delas, alguma que realmente faça um sentido lógico a fim de dar significado a sua existência. Planos de universidade, trabalho estável, construção de uma família... tudo isso são formas de dar a cada um certa uma sensação de ser parte integral de algo. Ao conectar-se com a Igreja, esses anseios permanecem, mas há uma nova necessidade de viver de maneira santa. Essa mudança insere dúvidas em uma mente que já possuía seu modo de enxergar a vida.

Será que mesmo aquilo que não é "igreja e Deus" também deve ser santo? Ou será que é possível separar tudo e viver duas realidades ao mesmo tempo, uma "secular" e outra "sagrada"?

FALANDO SOBRE O ASSUNTO

✋ Um mundo secular

Não há como fugir do secular, esta é a realidade. O mundo em que vivemos construiu-se ao longo dos séculos — inclusive estamos no 21, não é mesmo? No entanto, existe uma grande diferença entre viver em uma cultura constituída através dos séculos e viver de forma secular. Nosso foco, aqui, não é a forma como organizamos os anos, mas sim a escolha de como vivê-los.

O secular se associa ao que chamam de mundano ou profano, isto é, tudo aquilo que despreza o sagrado. E ambos, tanto sagrado quanto profano, não nascem do nosso fazer (nossas ações), mas sim do nosso ser (nossa essência). E é por isso que precisamos ter a convicção de quem verdadeiramente somos, visto que é essa certeza que norteia todas as nossas ações.

✋ A verdadeira identidade

Por conta das consequências do pecado, o homem perdeu seu senso de pertencimento, de identidade e de propósito. Assim, a realidade de ter sido criados à imagem e semelhança de Deus passou a estar cada vez mais distante, a ponto de tornar-se inconcebível para o ser humano. Esse fato tem levado as pessoas, no decorrer dos séculos, a buscarem por métodos e ídolos para preencherem esse vazio em seu ser.

Jesus, assim como nós, também foi tentado em Sua identidade quando esteve na Terra como homem. Antes de começar Seu ministério, Ele "foi conduzido pelo Espírito ao deserto para ser tentado pelo diabo" (MATEUS 4:1), e o principal questionamento lançado sobre o Senhor foi: "Se você é Filho de Deus..." (vv.3,6). Satanás estava buscando de todas as formas atingir a identidade de Jesus como Filho de Deus para que tudo o que Ele realizasse fosse corrompido. Uma das maiores estratégias do inimigo é anular o nosso ser para que o nosso fazer também seja malsucedido. No entanto, Jesus não estava firmado no que Ele poderia realizar, mas sim em quem Ele era. Antes de ser tentado, Jesus sabia exatamente quem era, pois havia escutado do seu Pai a afirmação mais importante de todas: "Este é o meu Filho amado, que me dá grande alegria" (MATEUS 3:17).

Jesus, por meio de Sua morte na cruz, oferece a cada um de nós a oportunidade de salvação e restauração da nossa verdadeira identidade. Pois "a todos que creram nele e o aceitaram, ele deu o direito de se tornarem filhos de Deus" (JOÃO 1:12); logo somos "...povo escolhido, reino de sacerdotes, nação santa, propriedade exclusiva de Deus..." (1 PEDRO 2:9).

O propósito do sagrado

A palavra *sagrado* vem do latim *sacratus*, significando alguém (ou algo) dedicado, separado exclusivamente para ser ou realizar algo. Ao sermos adotados na família de Deus, entendemos que somos filhos do Rei e que Ele, por meio de cada um de nós, busca estabelecer o Seu reino na Terra. Por conta dessa adoção, Ele nos restitui aquilo que o pecado havia nos tirado — pertencimento, identidade e propósito.

Assim, ainda que este mundo esteja "sob o controle do maligno" (1 JOÃO 5:19), temos a convicção e a segurança de que pertencemos a Cristo e de que fomos criados para a Sua glória, pois todas "as coisas vêm dele, existem por meio dele e são para ele..." (ROMANOS 11:36). Por isso, tudo o que fazemos deixa de ser secular e passa a ser sagrado, pois para os filhos de Deus, todas as coisas são uma oportunidade de revelar a verdadeira natureza do Pai.

Quem somos e a qual reino pertencemos define tudo o que fazemos. Sendo assim, trabalhar, estudar, formar uma família, realizar um intercâmbio, ir à igreja ou as outras mil coisas que buscamos realizar passam a ser parte de algo maior. Tudo em nós se torna integral e pleno quando está dentro do plano supremo do Rei eterno.

QUESTÕES PARA DEBATE

1. Você acredita que é possível viver de maneira sagrada em um mundo secular? Quais são as práticas que podem nos levar a um estilo de vida santo?

2. De quais maneiras você acredita que o inimigo busca destruir sua identidade de filho de Deus?

3. Quais ferramentas você crê que Deus lhe entregou para viver de forma consagrada e manifestar o reino dele nesta Terra?

ORAÇÃO

Senhor, agradeço-te por abrir nossa mente e nos fazer entender que somos imagem e semelhança de quem Tu és e que podemos ser chamados de santos em um mundo tão corrompido. Peço-te que cada um que está lendo este devocional tenha a convicção de que é Teu filho por meio de Jesus. Creio que, por mais que existam tantas coisas querendo nos afastar de ti, a Tua voz sempre estará nos afirmando que somos amados e desejados do Teu coração, e por isso podemos vencer todas as coisas. Queremos confiar somente em ti!
Em nome de Jesus. Amém!

GABRIELA OLIVEIRA
Direito — UniCuritiba

ANOTAÇÕES

QUE VOZ INFLUENCIA SUA VIDA?

SEMANA 07

ONDE ENCONTRAR NA BÍBLIA?

GÁLATAS 5:16-17

Por isso digo: deixem que o Espírito guie sua vida. Assim, não satisfarão os anseios de sua natureza humana. A natureza humana deseja fazer exatamente o oposto do que o Espírito quer, e o Espírito nos impele na direção contrária àquela desejada pela natureza humana. Essas duas forças se confrontam o tempo todo, de modo que vocês não têm liberdade de pôr em prática o que intentam fazer.

MATEUS 26:41

Vigiem e orem para que não cedam à tentação, pois o espírito está disposto, mas a carne é fraca.

Em nossa vida, à medida que vamos crescendo, várias vozes exercem certo domínio sobre nós. Quando bebês e crianças, as vozes dos nossos pais são as que mais nos influenciam e nos guiam. Na pré-adolescência, além dos nossos pais, as vozes dos nossos amigos também refletem em nossa forma de ser, agir e em nossas escolhas. Porém, para muitos de nós, é apenas com a maior liberdade da adolescência que notamos que devemos lidar com outra voz, uma que nos traz um turbilhão de novos sentimentos e desejos: a voz da nossa natureza carnal. De fato, ela está presente na vida de todos nós, independentemente da fase que estamos vivendo. Será que dar ouvidos à carne e satisfazer os nossos desejos é a melhor escolha que podemos fazer?

FALANDO SOBRE O ASSUNTO

Ao longo de nossa jornada aqui na Terra, as vozes a que damos ouvidos podem mudar a nossa forma de agir e de enxergar a nós mesmos e o mundo que nos rodeia. Como seres que nascem pecadores, devemos ter a consciência de que em nosso interior existe uma guerra entre a nossa natureza pecaminosa (ou carne) e o Espírito, "essas duas forças se confrontam o tempo todo..." (GÁLATAS 5:17).

Cientes disso, devemos cuidar para discernir qual influência temos acatado e deixado exercer domínio sobre nossa vida, escolhas e atitudes, pois ela pode estar nos aproximando mais de Deus e Seus propósitos ou nos afastando gradualmente dele.

A voz da natureza carnal

Ao lermos os primeiros capítulos de Gênesis, observamos como aconteceu a queda do homem. Ao desobedecer a voz de Deus e dar ouvidos à voz da serpente, Eva sucumbiu ao pecado, e trouxe sobre a humanidade a herança pecaminosa. Deus ordenou a Eva e a Adão que não comessem o fruto "da árvore do conhecimento do bem e do mal" (3:17), mas ambos, por ignorarem a voz de Deus e darem atenção à voz da serpente, comeram o fruto. E nós sabemos bem como isso terminou...

Esse momento descrito na Palavra de Deus ilustra exatamente o que ceder à tentação da nossa natureza carnal pode gerar em nossa vida: a morte eterna (ROMANOS 7:5). Depreendemos por meio de Eva e de outras pessoas da Bíblia, como Davi e Sansão, que dar ouvidos à nossa natureza carnal, aos desejos pecaminosos de "idolatria, feitiçaria, hostilidade, discórdias, ciúmes, acessos de raiva, ambições egoístas, dissensões, divisões, inveja, bebedeiras, festanças desregradas e outros pecados semelhantes (GÁLATAS 5:20-21) não traz nenhum bem à nossa vida. Pelo contrário, isso apenas gera consequências ruins, talvez irreversíveis, e nos afastam da presença do Senhor.

A voz do Espírito

Ainda assim, apesar de possuirmos uma herança pecaminosa e de convivermos com a nossa natureza carnal vociferando a todo tempo em nosso íntimo e tentando nos levar a cair em tentação, a Palavra de Deus nos apresenta uma boa notícia: Deus nos envia o Espírito Santo (JOÃO 14:26). Por conta disso, não é somente a voz da natureza carnal que "grita" em nosso íntimo, mas também a voz do Espírito de Deus. A mesma voz que ajudou Cristo a vencer a tentação no deserto (MATEUS 4:1-11) nos capacita a vencer nossa carne, pois "não [somos] controlados pela natureza humana, mas pelo Espírito, se de fato o Espírito de Deus habita em [nós]..." (ROMANOS 8:9). Quão maravilhoso é saber disso!

A voz do Espírito é aquela que nos guia, nos mostrando "o caminho pelo qual [devemos] andar..." (ISAÍAS 30:21), e que nos mantém firmes à Palavra de Deus. Ela nos fortalece e nos ajuda a vencer as tentações. Ela nos ensina a obedecer a Deus em tudo para que nos aproximemos do Senhor e cumpramos Seus propósitos. A voz do Espírito nos direciona à vida eterna. Ela é a única à qual devemos dar ouvidos todos os dias.

QUESTÕES PARA DEBATE

1. Quais vozes você permite influenciar sua vida? Elas impulsionam você a crescer ou o levam ao declínio espiritual?

2. Você tem dado ouvidos à voz do Espírito ou à voz da natureza carnal? Se a voz da carne exerce mais influência sobre você, o que pode fazer para mudar isso?

3. Leia o capítulo 5 de Gálatas e reflita sobre as consequências de acatar a influência da natureza carnal, ou de viver sob a influência do Espírito Santo. Então, a partir de agora, qual delas você escolherá seguir?

ORAÇÃO

Querido Deus, agradeço-te por saber que temos o Teu Espírito habitando em nosso interior. Que Tu tenhas total poder sobre a nossa vida para que ouçamos a voz do Teu Espírito, e que ela comande, influencie e guie os nossos passos em obediência a ti. Que nossa natureza carnal não tenha voz para influenciar nossa vida, e que ela seja derrotada diariamente pelo poder do Teu Espírito em nós. Livra-nos e guarda-nos de todas as tentações. Em nome de Jesus. Amém!

SÔNIA AZEVEDO
Enfermagem — Jesus no CEST

SEMANA 08

DISCIPLINAS ESPIRITUAIS

Creio que, assim como eu, você não teve a melhor das impressões com a palavra *disciplina*. Provavelmente ela remete a algo que gera algum tipo de dor lá na sua infância, talvez várias regras ou até mesmo correções que foram aplicadas de maneira inadequada (já que existe uma forma certa de seu uso e aplicação), sob a justificativa que era necessário agir "com disciplina" para impor certa ordem. Ou até mesmo agora, enquanto precisa fazer matérias, as "ditas-cujas" das disciplinas na universidade; essa palavra não parece ser a mais agradável na vivência dos estudantes. No entanto, vamos refletir hoje sobre o quanto o inimigo é astuto na subversão do significado de algumas palavras e recursos que buscam de fato o que é bom para nós. Você já pensou a respeito da bênção da disciplina e, principalmente, das disciplinas espirituais?

ONDE ENCONTRAR NA BÍBLIA?

HEBREUS 12:4 NVI
Na luta contra o pecado, vocês ainda não resistiram até o ponto de derramar o próprio sangue.

GÁLATAS 5:16 ARA
...andai no Espírito e jamais satisfareis à concupiscência da carne...

SALMO 119:71-73
O sofrimento foi bom para mim, pois me ensinou a dar atenção a teus decretos. Tua lei é mais valiosa para mim que milhares de peças de ouro e de prata. Tu me fizeste, tu me formaste; dá-me entendimento para aprender teus mandamentos.

FALANDO SOBRE O ASSUNTO

Antes de conhecermos a bênção da disciplina, vamos pensar em seu significado original. A palavra é proveniente do latim *disciplina*, "instrução, conhecimento, matéria a ser ensinada", derivando de *discipulus*, "aluno, aquele que aprende", que, por sua vez, vem do verbo *discere*, "aprender". No decorrer do tempo e vivência, a palavra disciplina passou a significar "manutenção da ordem". Dito isto, é possível perceber a conexão que existe com conhecimento e aprendizado. Em medida alguma o aprendizado é algo danoso para nós seres humanos, visto que estamos em diferentes níveis e crescendo continuamente em conhecimento. Assim, mesmo que exista pontos de instrução na sua história pessoal que o afastam do verdadeiro propósito da disciplina, ela envolve você naquilo que de fato importa sobre o termo: aprender, conhecer.

Dentro dessa perspectiva de aprendizado e conhecimento que a disciplina encerra, pensemos quando ela é de âmbito espiritual. Richard J. Foster, em seu livro *Celebração da disciplina — O caminho do crescimento espiritual* (Ed. Vida, 1983), afirma o seguinte: "As disciplinas clássicas da vida espiritual convidam-nos a passar do viver na superfície para o viver nas profundezas. [...] Não devemos ser levados a crer que as disciplinas são para os gigantes espirituais e, por isso, estejam além de nosso alcance; ou para os contemplativos que devotam todo o tempo à oração e à meditação. Longe disso. Na intenção de Deus, as disciplinas da vida espiritual são para seres humanos comuns: pessoas que têm empregos, que cuidam dos filhos, que lavam pratos e cortam grama".

Diante disso, o convite para conhecer e aprender mais de Deus por meio das disciplinas espirituais não é para alguns, é para todos nós. E mais: o efeito delas deve permear o nosso cotidiano. Assim, é notável que precisamos urgentemente aprender a ser mais parecidos com Cristo, e somente o Espírito Santo pode nos instruir e viabilizar isso. E Ele usa as disciplinas espirituais para nos conectar à verdadeira vida em Cristo e nos tornar realmente semelhantes a Jesus em tudo que somos e fazemos. Um ponto a se destacar quanto a isso é o fato de ser necessário caminhar nessa direção, dando um passo de cada vez na prática de cada uma das disciplinas espirituais.

Nas próximas semanas, veremos, de maneira mais ampla, várias disciplinas espirituais que objetivam tornar-nos mais parecidos com Cristo, das quais cito algumas: jejum, oração, estudo da Palavra de Deus, serviço, adoração, comunhão, submissão, entre outras. À primeira vista, por conta de nossa natureza humana, poderia se acreditar que praticá-las constantemente seria algo muito difícil ou monótono para nós. No entanto, observe que a questão não é correr em relação a prática delas, mas sim dar passos diários a fim de que elas moldem a nossa vida e transformem o nosso modo de viver em um estilo santo.

O processo de viver as disciplinas espirituais, com o tempo, preparará você para uma corrida: resistir ao pecado será finalmente uma realidade em sua vida, pois o seu espírito e a sua alma estarão bem treinados e nutridos. Lembre-se de que essa conquista de modo algum ocorrerá por você ser alguém bom, visto que ela é possível apenas quando você conhece e se relaciona diariamente com Aquele que venceu, para todo sempre, o pecado. Aprender as disciplinas espirituais o conduzirá a um relacionamento mais íntimo e verdadeiro com o Pai.

Dê um primeiro passo hoje em direção à prática das disciplinas espirituais, ande sob as vistas de Deus e orientação do Espírito Santo e seja semelhante a Jesus.

QUESTÕES PARA DEBATE

1. Você já teve alguma experiência ruim com a palavra *disciplina*? Como foi?

2. Quais das disciplinas espirituais você tem praticado em sua vida? Das que você conhece, quais são as mais difíceis de praticar hoje? Por quê?

3. Sua vida reflete que você tem buscado ser mais parecido com Cristo? Como isso se demonstra?

ORAÇÃO

Senhor Jesus, o meu ser tem um profundo desejo de te conhecer mais e mais. Compreendo hoje que as disciplinas espirituais foram o caminho que Tu construíste para que eu pudesse me assemelhar ao Senhor e caminhar realmente perto de ti. Perdoa-me pela minha negligência e ensina-me a andar diariamente contigo. Que eu alimente o meu espírito e alma com a Tua Palavra e viva intensamente as Tuas verdades, assim a vitória sobre o pecado será uma realidade em minha vida. Em nome de Jesus. Amém!

JÉSSICA PAVANELO
Letras Português/Inglês — UTFPR em Cristo

BÍBLIA, A PALAVRA DE DEUS ESCRITA

SEMANA 09

ONDE ENCONTRAR NA BÍBLIA?

SALMO 119:9
Como pode o jovem se manter puro? Obedecendo à tua palavra.

SALMO 119:105
Tua palavra é lâmpada para meus pés e luz para meu caminho.

MATEUS 22:29
Jesus respondeu: "O erro de vocês está em não conhecerem as Escrituras nem o poder de Deus".

Quando entreguei o meu coração a Jesus e comecei a frequentar uma igreja, percebi, ao ouvir as pregações, que muitas das práticas que eu mantinha na minha vida não agradavam a Deus. Meu amor e gratidão pelo que Jesus estava realizando em mim eram tão intensos que eu queria alegrar o coração do Senhor com um novo estilo de vida. Mas como é possível conhecer aquilo que agrada ou não ao coração de Deus? A Bíblia nos fornece a resposta: Jesus Cristo. A forma como Ele viveu exemplifica muito bem como podemos praticar o que agrada a Deus.

Algo a se destacar no estilo de vida de Jesus era o quanto Ele conhecia, citava e praticava as Escrituras. E esse é um modelo fundamentado na verdade que Seus discípulos devem seguir. "Então conhecerão a verdade, e a verdade os libertará" (JOÃO 8:32). Essa verdade é a Palavra de Deus, exposta na Bíblia, a qual temos de forma tão acessível hoje.

FALANDO SOBRE O ASSUNTO

A Bíblia é a revelação de Deus para nós. Ela nos dá a oportunidade de conhecer a Deus, pois nos revela Seu caráter e natureza, bem como Sua onipotência, onisciência e onipresença e Seu propósito em criar o ser humano, o mundo e tudo o que nele há. Ela é verdade que promove vida, pois nos apresenta a Jesus como Salvador e nos orienta sobre como viver de acordo com os princípios nela prescritos.

Ela é um manual para o ser humano

A Bíblia não é simplesmente um livro de histórias, ela é um manual de conduta e de direcionamento para o ser humano saber o que Deus aprova ou não. Ela é um dos caminhos mais rápidos e fáceis de conhecer o agir de Deus. Nela encontramos resposta para todos os nossos problemas e questionamentos, além de conselhos que nos levarão a uma vida de vitórias, apesar das dificuldades.

Ela é uma carta de amor e esperança

Por meio da Palavra de Deus, podemos ver claramente que Ele é um Pai gracioso, que nos ama (JOÃO 3:16) e deseja uma vida plena e abundante para cada um de nós (JOÃO 10:10).

O inimigo pode até se levantar contra a nossa vida, mas Deus é fiel e justo para nos guardar e nos garantir a salvação nele (SALMO 91). Nada pode nos separar do Seu amor (ROMANOS 8:38-39)! Por vezes, passamos por situações de tristeza neste mundo, seja por conta das pessoas que amamos, ou por sermos abandonados, ou injustiçados, ou traídos, mas ainda assim devemos perseverar em fé. Na Bíblia podemos ver que Deus é fiel e jamais nos deixará enquanto nosso coração permanecer fiel a Ele (2 TIMÓTEO 2:13). Com Ele, nunca estaremos sozinhos!

Ela nos livra de enganos

A Bíblia nos ensina a andar nos caminhos de vida e paz do Senhor, que nos levarão a viver de maneira firme e acertada para construirmos um futuro não somente aqui, neste mundo presente, mas também na eternidade. As Escrituras deixam claro que nos últimos dias, às vésperas da volta de Jesus, existirão muitas pessoas pregando a Palavra de Deus de forma distorcida, com a intenção de levar muitos ao engano, afastando-os da perfeita vontade do Senhor. Logo, somente o conhecimento da Palavra de Deus pode nos proteger para não sermos levados por falsas doutrinas, não apenas hoje, mas em dias futuros (MATEUS 22:29).

Em suma, a Bíblia é o manual para vida, a carta de amor do Pai para nós e a espada do Espírito de Deus para nos proteger de falsos ensinamentos, que nos levam para longe de Deus por meio do engano. É preciso conhecer a Deus e a Sua Palavra, que é luz, para nos mantermos íntegros e caminharmos em segurança em meio as trevas que envolvem este mundo.

QUESTÕES PARA DEBATE

1. Você tem usado a Bíblia para orientar e iluminar o seu caminho? Se não, o que o impede?
2. Agora que sabe o quanto é importante conhecer a Palavra de Deus, pare e reflita sobre sua constância na leitura da Bíblia.
3. Como você pode incluir seu conhecimento bíblico em sua rotina diária?

ORAÇÃO

Senhor, graças te damos pela Tua Palavra. Ela nos conduz com muito amor, graça e paz pelo melhor caminho que poderíamos seguir: o Teu Filho, Jesus. Dá-nos o discernimento da Tua Palavra e ajuda-nos a permanecer fielmente nela. Em nome de Jesus. Amém!

SARAH GODOY
Pastora Arena Jovem — CESNT

SEMANA 10

O MESTRE DA ORAÇÃO

Durante o meu período de graduação, Jesus me abençoou com uma vaga para participar de uma iniciação científica. Foi gratificante aprender e conviver durante meses com doutores, mestres e supervisores para que eu pudesse concluir meus relatórios do projeto científico. Além dos ensinamentos teóricos, recebia orientações práticas que seriam de grande valia para a pesquisa que fazia e que ainda hoje utilizo na minha prática profissional.

Separar um tempo para falar/ensinar, ouvir, refletir e, então, colocar em prática é parte do processo de aprendizagem entre o professor e o aluno. Podemos, por meio da oração, aplicar essas ações em nosso relacionamento com o Senhor Jesus. Você já havia parado para pensar sobre isso?

ONDE ENCONTRAR NA BÍBLIA?

LUCAS 11:1
Certo dia, Jesus estava orando em determinado lugar. Quando terminou, um de seus discípulos lhe disse: "Senhor, ensine-nos a orar, como João ensinou aos discípulos dele".

MATEUS 6:6
Mas, quando orarem, cada um vá para seu quarto, feche a porta e ore a seu Pai, em segredo. Então seu Pai, que observa em segredo, os recompensará.

MATEUS 6:33
Busquem, em primeiro lugar, o reino de Deus e a sua justiça, e todas essas coisas lhes serão dadas.

FALANDO SOBRE O ASSUNTO

- **Aprenda a orar com o Mestre da oração**

    Se na vida acadêmica existem doutores e mestres humanos que contribuem de forma significativa para a nossa graduação, imagina aprender sobre a disciplina espiritual da oração com o Senhor Jesus, o próprio Deus? Mesmo em meio a tantas demandas, lemos em muitas passagens sobre a rotina de oração do Senhor (MARCOS 1:35; 6:46; LUCAS 5:16; 6:12; 9:18; 22:41-42; HEBREUS 5:7). Isso era tão latente, que os discípulos não pediram que Jesus os ensinasse a curar, libertar, multiplicar algum alimento ou ressuscitar alguém, mas sim a orar (LUCAS 11:1). Eles viram o quão importante era o compromisso da vida de oração de Jesus e, por isso, ansiavam aprender com o Mestre. Você pode até pensar: Ah!, isso aconteceu no passado e somente com os discípulos. Entretanto, gostaria de lembrar a você que o Mestre Jesus está disposto a lhe ensinar a orar exatamente neste momento. Peça a Ele!

- **Aprenda a orar e relacione-se com o Senhor**

    Ao convivermos com pessoas no dia a dia na faculdade, passamos a conhecê-las melhor, e isso otimiza trabalhos e estudos. Isso também acontece quando separamos diariamente um tempo de qualidade (MATEUS 6:6) para estudar a Palavra de Deus e conversar com o Senhor, por meio da oração, de todo o nosso coração (JEREMIAS 29:13). Há uma frase do pastor Billy Graham da qual gosto muito: "Dobre os joelhos e ore até que você e Deus sejam amigos íntimos". Que esse seja o alvo da nossa vida. Se você ainda não conhece verdadeiramente o Senhor Jesus, aproveite essa oportunidade! Confesse seus pecados a Ele, entregue sua vida ao Senhor e inicie seu relacionamento com Jesus!

- **Aprenda a orar e gere frutos**

    Ao aprendermos e colocarmos em prática o hábito de manter comunhão diária com Deus, em oração, experimentaremos o que está escrito em Mateus 6:33: buscaremos em primeiro lugar o que é prioridade para o nosso Mestre Jesus. Por sabermos de Sua bondade e amor (SALMO 23:6), além das nossas necessidades básicas que Ele provê (MATEUS 6:25-32), podemos confiar que, segundo a vontade dele, podemos receber outras bênçãos para a glória de Deus (EFÉSIOS 3:20-21; MATEUS 6:6). Como prova do cuidado do Senhor, eu vivi e vivo isso. Eu orei e pedi que o Senhor guiasse cada etapa da minha faculdade, inclusive durante minha iniciação científica; do início ao fim, estava em oração. Hoje, como profissional e graduanda novamente, continuo diariamente em oração. Antes de começar a escrever essa meditação, já estava em oração para que essas palavras, conduzidas pelo Mestre da oração, o meu amado Jesus, gerem frutos que intensifiquem a sua vida de oração e seu relacionamento com Ele. "Nunca [deixe] de orar" (1 TESSALONICENSES 5:17).

QUESTÕES PARA DEBATE

1. Você já tem um relacionamento com Jesus? Se sim, como melhorá-lo? Senão, por que não iniciar hoje?
2. Como é possível otimizar a sua vida de oração?
3. Compartilhe uma resposta especial que você recebeu após orar.

ORAÇÃO

Senhor Jesus, agradeço-te por Tua misericórdia para comigo e venho a ti, Senhor, para te pedir que me ensines a orar em conformidade com a Tua vontade. Quero ter um relacionamento verdadeiro com o Senhor e, por meio da comunhão contigo, gerar frutos de bênção para a glória do Teu santo nome. Ensina-me a praticar a Tua Palavra e a manter de forma contínua uma vida de oração que agrada a ti. Ajuda-me Senhor, pois sem ti eu nada posso fazer. Em nome de Jesus. Amém!

JUCIA TAVARES
Nutrição — FABA/RJ

JEJUM ESPIRITUAL

SEMANA 11

ONDE ENCONTRAR NA BÍBLIA?

ESDRAS 8:23
Assim, jejuamos e pedimos com fervor que nosso Deus cuidasse de nós, e ele atendeu à nossa oração.

LUCAS 5:34-35
Jesus respondeu: "Por acaso os convidados de um casamento jejuam enquanto festejam com o noivo? Um dia, porém, o noivo lhes será tirado, e então jejuarão".

MATEUS 6:16
Quando jejuarem, não façam como os hipócritas, que se esforçam para parecer tristes e desarrumados a fim de que as pessoas percebam que estão jejuando. Eu lhes digo a verdade: eles não receberão outra recompensa além dessa.

Jamais ouvimos falar de um avivamento nos dias bíblicos, ou em qualquer outra época na Terra, sem a prática da Palavra, da oração e do jejum. O jejum é uma chave poderosa para um grande destravamento espiritual e, realizado com a motivação correta, pode romper limites inimagináveis na esfera do sobrenatural divino, algo que talvez jamais aconteceria por outro meio. Ele nos leva a um nível mais profundo de intimidade com Deus, aumenta a nossa fome e sede por Ele e diminui a força da nossa natureza carnal ao tomarmos decisões.

FALANDO SOBRE O ASSUNTO

✠ O que é o jejum bíblico?

O jejum bíblico é, em essência, uma abstinência intencional de alimentos que visa propósitos espirituais. É uma ferramenta utilizada na busca por Deus, e que potencializa a mortificação dos desejos da natureza carnal (GÁLATAS 5:19-21), levando-nos a desejar intensamente as coisas celestiais. Quão facilmente permitimos que coisas dispensáveis tenham prioridade em nossa vida, e rapidamente suspiramos por coisas das quais não precisávamos antes de elas nos escravizarem. O jejum nos ajuda a manter o equilíbrio na vida, pois torna a nossa natureza humana submissa ao Espírito Santo, e nos auxilia a viver sob a direção de Deus enquanto mortificamos as paixões da carne (1 CORÍNTIOS 6:12; 9:27).

✠ Por que jejuar?

Mais do que qualquer outra disciplina, o jejum revela as coisas que nos controlam. Ele traz à tona o que está lá bem escondidinho em nosso interior, influenciando nosso comportamento de forma negativa. Esta prática desentulha nosso coração e ouvidos espirituais para que possamos ouvir a voz do Espírito Santo e sermos conduzidos por Ele ao quebrantamento e arrependimento.

Ele também nos lembra de que nosso maior alimento é a palavra que procede da boca de Deus (MATEUS 4:4), portanto, por mais que estejamos nos abstendo de comida física, a prática do jejum nos leva a usufruir de um banquete no qual nos deleitamos com a presença e a Palavra de Deus.

✠ A eficácia do jejum

Para que vejamos os inúmeros benefícios do jejum espiritual em nossa vida, nossa motivação ao praticá-lo precisa ser correta! O jejum bíblico sempre tem como foco central algum propósito espiritual, como por exemplo nos levar ao centro da vontade de Deus a fim de que, conduzida à luz da Palavra, a nossa vida seja ajustada a ela. Nosso foco é agradar a Deus, tocar o Seu coração e agir conforme a direção da Sua perfeita vontade. Sendo assim, cuidado para não realizar o jejum motivado por fins egoístas ou buscando o aplauso de pessoas, como faziam os fariseus (MATEUS 6:16-18). Logo, a eficácia do jejum, entre outras coisas, conformará a nossa vida à de Deus e nos fará mais sensíveis à Sua voz e ao Seu agir.

Por certo, não há regras determinadas sobre quando e como jejuar, mas a recomendação quanto a sua prática é inegável. O próprio Cristo jejuou: "...depois de jejuar quarenta dias e quarenta noites..." (MATEUS 4:2 NAA). No entanto, é necessário ter a motivação correta e propósitos específicos, alinhados o Senhor e à Bíblia, para realizá-lo; caso contrário, acabará em uma prática vazia.

QUESTÕES PARA DEBATE

1. De que maneira você entende a relevância do jejum para sua vida? Essa é uma prática à qual você tem se dedicado?
2. Quais têm sido as motivações para você jejuar (ou não)? Sua postura é coerente com a orientação bíblica?
3. Aquilo com o qual você tem alimentado sua alma é algo que o conduz para mais perto de Deus ou o encorajado a viver segundo os desejos carnais e padrões mundanos?

ORAÇÃO

Senhor, agradeço-te por Tua Palavra, que é lâmpada para os meus pés e me ensina a caminhar conforme Tua vontade. Que eu possa fluir e crescer na prática do jejum, e que a Tua Palavra seja o meu principal alimento todos os dias. Que ela me firme na verdade e me ajude a ser um verdadeiro cristão. Em nome de Jesus. Amém!

SARAH GODOY
Pastora Arena jovem — CESNT

SEMANA 12

MINISTÉRIO É SERVIÇO

No contexto em que cargos e títulos se tornaram alvos de certos indivíduos em busca de influência e poder dentro da igreja, precisamos retornar às práticas fundamentais a respeito do serviço ministerial e entender que o próprio ministério é serviço. Aquele que quiser ser o maior, seja servo de todos, assim como Jesus nos revela em Mateus 20:26-27. A palavra no grego para *ministério* é διακονία (*diakonia*), usada no sentido geral de servir e designando todos os tipos de serviços, sejam eles privados ou públicos. Esse termo estava em uso no Antigo Testamento, era como as pessoas se referiam às atividades desenvolvidas por trabalhadores no Templo, e no grego clássico significa *servir à mesa*. Diante disso, como podemos aprender a exercer o ministério sendo um servo como Cristo foi?

ONDE ENCONTRAR NA BÍBLIA?

MATEUS 20:26-28

Entre vocês, porém, será diferente. Quem quiser ser o líder entre vocês, que seja servo, e quem quiser ser o primeiro entre vocês, que se torne escravo. Pois nem mesmo o Filho do Homem veio para ser servido, mas para servir e dar sua vida em resgate por muitos.

FILIPENSES 2:5-7

Tenham a mesma atitude demonstrada por Cristo Jesus. Embora sendo Deus, não considerou que ser igual a Deus fosse algo a que devesse se apegar. Em vez disso, esvaziou a si mesmo; assumiu a posição de escravo e nasceu como ser humano...

FALANDO SOBRE O ASSUNTO

Chamados para servir

"Tenham a mesma atitude demonstrada por Cristo Jesus", ou como algumas traduções trazem "o mesmo sentimento"; nesse versículo, Paulo se refere a um comportamento pessoal, particular, um sentimento de si mesmo, e toma Jesus, mais uma vez, como o maior referencial de humildade, visto que o Senhor se esvaziou de Sua glória e viveu como homem. Paulo, no capítulo 2 de sua carta aos Filipenses, adverte os cristãos que estão em Filipos para que trabalhem juntos a fim de desenvolverem a mesma forma de pensar e o mesmo propósito de serviço. Então, eles são aconselhados a não serem egoístas e a não agirem para impressionar as pessoas, mas a considerarem os outros mais importantes que eles próprios. É nesse contexto que o apóstolo exorta os irmãos da igreja a vivenciarem o mesmo sentimento de Cristo Jesus, pois embora sendo Deus, não se apegou a isso, mas tomou o lugar de servo, se humilhou e foi obediente até a morte para o resgate de muitos. Essas foram características fundamentais do ministério terrenos de Jesus refletidas no serviço de Paulo, e em vista disso, no evangelho de Mateus, Jesus declara que não veio para ser servido, e sim para servir.

Ministério é serviço

Todos somos chamados para o ministério (*diakonia*), mas precisamos compreender a essência do que isso significava na época do Novo Testamento. Várias atividades desenvolvidas pelos cristãos na Igreja Primitiva foram intituladas de ministério. O texto de Efésios 4:11-12 indica apóstolos, profetas, evangelistas, pastores e mestres como funções específicas, mas com a responsabilidade comum de "preparar o povo santo para realizar" o serviço a Deus. Pensando num sentido mais peculiar ao termo, em Atos 1:17 o próprio apostolado é chamado de *diakonia*. Tais funções têm características distintas, e são classificadas por Paulo, em 1 Coríntios 12:5, como "tipos diferentes de serviço", de forma que todos os cristãos podem ser considerados ministros de Cristo, de Deus, da Igreja e do evangelho, ou simplesmente chamados de servos. O uso antigo do termo "diácono" (διάκονος) pode ser traduzido por *garçom* (possivelmente, tal designação, utilizada nos primórdios do ministério cristão, está vinculada ao simples ato de servir à mesa).

Embora todos sejamos chamados para exercer o ministério, seja ele pastoral, diaconal, missional, dentre outros, nossa função no corpo de Cristo varia de acordo com o chamado específico de Deus para cada um de nós. Devemos ser sensíveis a esse chamado e dar continuidade à obra que Jesus começou nesta Terra, pois todo o ministério cristão gravita em torno da tarefa, do serviço, e não meramente dos títulos. Na verdade, o mais importante não é o título, mas a missão e o serviço. Ao lavar os pés dos discípulos, Jesus nos ensinou que a liderança cristã se realiza nos atos de serviços, não de chefia. Servir é estar sensível às necessidades das pessoas.

QUESTÕES PARA DEBATE

1. Na sua concepção, o que é ser servo de Cristo? Você tem um coração de servo ou o seu desejo é de ser servido?

2. De que forma você pode servir o seu próximo mais intencionalmente seguindo o exemplo do Mestre?

3. Leia João 13:3-10 e reflita: como ser um servo torna você mais parecido com Cristo?

ORAÇÃO

Senhor, Teu amor tem nos alcançado, Tua graça tem nos restaurado, e tudo que somos ou fazemos de bom vem de ti. Dá-nos um coração de servo, ajuda-nos a amar nossos irmãos, converte nossa mente e coração para que, de glória em glória, sejamos transformados à Tua imagem. Agradeço-te por Tua bondade e misericórdia. Pai, não permitas que o mal nos sobrevenha, mas se vier, que Tu sejas o nosso escape. Em nome de Jesus. Amém!

ANDRÉ NOBRE
História — UFOPA

MÃOS LEVANTADAS E CORAÇÃO VAZIO

SEMANA 13

ONDE ENCONTRAR NA BÍBLIA?

JOEL 2:13

Não rasguem as roupas em sinal de tristeza; rasguem o coração! Voltem para o S<small>ENHOR</small>, seu Deus, pois ele é misericordioso e compassivo, lento para se irar e cheio de amor; está sempre pronto a voltar atrás e não castigar.

MATEUS 22:37

Jesus respondeu: "Ame o Senhor, seu Deus, de todo o seu coração, de toda a sua alma e de toda a sua mente".

Enquanto jovens, buscamos respostas sobre quem somos e sobre o que devemos fazer, principalmente quando entramos na universidade e nos deparamos com tantas ideologias que são opostas ao que a Bíblia ensina. Durante essa jornada de busca constante, ao nos encontrarmos com Jesus, compreendemos que todas as nossas dúvidas podem ser respondidas no amor de Deus, pois é Ele que nos torna completos. Sendo assim, nossos passos são direcionados ao propósito do Senhor para a nossa vida, e ele pode ser alcançado apenas se decidirmos viver em um relacionamento íntimo, sincero e constante com Ele. A intimidade com Cristo nos leva à verdadeira adoração, o que vai muito além de momentos de cânticos na igreja, mãos levantadas e coração vazio. O relacionamento com Cristo nos conduz à essência da adoração como estilo de vida.

FALANDO SOBRE O ASSUNTO

Talvez fosse possível calcularmos quantas vezes levantamos nossas mãos, fechamos nossos olhos e, em alguns momentos, lágrimas rolaram pela nossa face, provocadas pelas canções entoadas durante o culto. Porém, será que, apesar de toda essa comoção, o nosso coração não se encontrava vazio de amor e devoção a Deus, bem como sem o temor pela Sua presença? Acredito que já tenhamos passado por algo assim em nossa vida cristã, quando tratamos sentimentalismo e emoções como sinônimos de espiritualidade. Contudo, o Senhor chama a cada um de nós e anseia por corações dedicados a Ele, aqueles que não se contentam apenas com momentos na presença dele em finais de semana. Deus não é um ídolo ao qual devemos prestar culto somente aos domingos, mas Ele é o Pai que deseja ter intimidade e relacionamento todos os dias com Seus filhos.

Entendemos como desenvolver a vida de adoração a partir do momento em que nos arrependemos completamente de nossos pecados e nos rendemos verdadeiramente ao Senhor, pois o arrependimento sincero e genuíno está relacionado à mudança de vida e transformação de mentalidade (ROMANOS 12:2). Somente dessa forma conseguiremos viver em relacionamento com Jesus e seremos aperfeiçoados em Seu amor para que cumpramos o propósito dele em nossa vida.

Diante disso, devemos nos lembrar que todo amor precisa ser correspondido, e a nossa adoração a Deus está em amá-lo acima de todas as coisas (MATEUS 22:37-38) e em reconhecê-lo como o Senhor de nosso coração. Com tudo isso em mente, entendemos que é necessário entregar a Ele muito mais do que mãos levantadas (JOEL 2:13), visto que é crucial entregarmos o nosso coração ao Senhor, pois o nosso Pai não rejeita "um coração humilde e arrependido" (SALMO 51:17).

Manter o estilo de vida de um adorador não é algo para ficar guardado apenas em nosso interior, no particular com Deus, mas deve ser como um ramo que se espalha para que outras pessoas vejam e sejam alcançadas com o amor e a graça do Senhor. Que estejamos dispostos a testemunhar os frutos de nosso relacionamento com Cristo para vê-los se multiplicar dentro do ambiente universitário. Onde os filhos de Deus estão, há a realização de coisas que apenas o Espírito Santo pode fazer por meio deles e, consequentemente, o cumprimento de propósitos divinos.

QUESTÕES PARA DEBATE

1. Sua vida expressa o estilo de vida da adoração? De que maneira?
2. O seu amor e devoção a Deus têm sido vistos no ambiente universitário? Como?
3. O que você tem feito, como filho de Deus, fora das paredes da igreja?

ORAÇÃO

Pai, agradeço-te por Teu amor e por Tua graça.
Perdoa os meus pecados, pois eu me arrependo de todos eles e desejo ter uma vida de relacionamento constante contigo. Ensina-me a te amar como Tu me amas e que os frutos do nosso relacionamento sejam manifestos no ambiente universitário em que estou inserido. Que o Senhor coloque ousadia em meu coração e que o Espírito Santo aja quando eu falar de ti.
Em nome de Jesus. Amém!

EMILLY SCHISSLER
Comunicação organizacional — UTFPR

ANOTAÇÕES

SEMANA 14

ALEGRIA NA COMUNHÃO

A palavra *comunhão* tem muitos significados, pode ser entendida como *socializar*, *comunidade*, *o que é comum* ou *amizade*, além de outros. Isso me traz muitas lembranças sobre o período em que estive na universidade, e o quanto procurava entender sobre a importância de estar em comunhão e celebrar aquele momento com meus amigos, familiares e a minha igreja local. O fato é que, durante nossa jornada como universitários, muitas vezes somos movidos pela vasta lista de afazeres e de compromissos com os estudos; com isso, podemos ter uma tendência a querer caminhar sozinhos, nos isolarmos, e nos esquecemos de que há alegria na comunhão com nossos amigos, igreja e, inclusive, com a nossa família. No estudo desta semana veremos o quanto é bênção, da parte de Deus, vivermos em comunhão.

ONDE ENCONTRAR NA BÍBLIA?

HEBREUS 10:24-25

Pensemos em como motivar uns aos outros na prática do amor e das boas obras. E não deixemos de nos reunir, como fazem alguns, mas encorajemo-nos mutuamente...

SALMO 55:14

Como era agradável a comunhão que desfrutávamos quando acompanhávamos a multidão à casa de Deus!

FALANDO SOBRE O ASSUNTO

Todas as vezes que leio sobre comunhão, eu me lembro de Jesus. Para mim, o maior exemplo de relacionamento, de socialização e amizade vem de Jesus, em como Ele se relacionava com Seus discípulos. Quando começamos a ler o Novo Testamento, particularmente os quatro evangelhos que narram a trajetória de Jesus aqui na Terra, e os Seus ensinamentos ao pequeno grupo de 12 pessoas, podemos observar como Jesus priorizava a comunhão, o estar junto, o encorajar uns aos outros, de forma que eles não deixavam de se reunir. Hoje, podemos constatar os frutos da comunhão na vida daqueles homens que andaram com Jesus. O Senhor não andava sozinho.

Quando entrei na faculdade de direito, em 2015, eu estava tão feliz em realizar um sonho, que comecei a estudar sem parar. Nesse meio tempo, o propósito pelo qual eu estava naquela faculdade ainda não tinha passado pela minha cabeça, visto que eu estava focada em outras coisas. Eu passei a negligenciar, mesmo que de forma involuntária, o fato de que precisava ser sal e luz naquele ambiente, que eu precisava fazer diferença ali.

Lembro-me de que orei ao Senhor e, após um tempo, fui presenteada com grandes amigos. Juntos nós abrimos um núcleo para falar de Jesus na universidade em que estudávamos.

Durante nossos longos cinco anos de faculdade posso dizer, com toda a certeza, que aprendemos o poder e a importância de estarmos juntos em comunhão naquelas reuniões. Por vezes as pessoas vinham falar o quanto eram abençoadas pelos 20 minutos em que orávamos e ficávamos juntos compartilhando ensinamentos sobre Jesus.

O que quero dizer com isso é que não precisamos caminhar sozinhos. Nossa comunhão com Deus, com nossos amigos, com nossa família e nossa igreja gera a força que precisamos para continuarmos caminhando. Além disso, esta união nos propicia ensinamentos que nos capacitam a passar pela faculdade ou por qualquer outro processo com sabedoria.

Comunhão é ter um momento de oração em conjunto como fazíamos nas reuniões, é ouvir, servir e também significa crescer mutuamente, ou até mesmo sofrer juntos.

A comunhão com nossos amigos nos permite, às vezes, criar alguns laços para toda vida; a comunhão com a nossa família auxilia a fortalecer o amor que sentimos uns pelos outros, e isso nos ajuda a passar pelas adversidades da vida; a nossa comunhão com Deus nos conduz a viver de forma plena sabendo que Ele cuida de todas as coisas, pois a fidelidade dele nos alcança em todo tempo; e a nossa comunhão com a igreja nos propicia um lugar onde aprendemos cada vez mais sobre Jesus e a servir a Deus com maior intensidade, como Ele deseja que façamos. Por tudo isso e muito mais, não negligenciemos o poder que existe na comunhão!

QUESTÕES PARA DEBATE

1. Você valoriza a comunhão ou ela é algo que fica em segundo plano? Por quê?
2. Para você, quais são os ambientes que mais estimulam o esfriamento da comunhão? O que motiva isso?
3. O que você pode fazer para melhorar seu relacionamento de comunhão com Deus, sua igreja, seus amigos ou familiares?

ORAÇÃO

Senhor, entendemos a importância e a alegria de vivermos em comunhão. Que o Teu Espírito Santo nos desperte para o que é realmente mais importante no Teu reino. Enche-nos da alegria proveniente da comunhão. Peço-te que, por mais que nossa agenda esteja lotada, Tu nos ensines sobre o quanto é abençoador estar em comunhão com nossos amigos, nossa família, nossa igreja e, acima de tudo, contigo. Agradeço-te por não nos deixares sozinhos. Em nome de Jesus. Amém!

ANDREZA BRAGA
Direito — CEUMA

JESUS, EXEMPLO DE SUBMISSÃO

SEMANA 15

ONDE ENCONTRAR NA BÍBLIA?

JOÃO 13:14
E uma vez que eu, seu Senhor e Mestre, lavei seus pés, vocês devem lavar os pés uns dos outros.

LUCAS 22:42
Pai, se queres, afasta de mim este cálice. Contudo, que seja feita a tua vontade, e não a minha.

Submissão significa obediência, e o maior símbolo de submissão em toda história, humana e bíblica, foi à entrega do Senhor Jesus à morte de cruz. "Tenham entre vocês o mesmo modo de pensar de Cristo Jesus, que, mesmo existindo na forma de Deus, não considerou o ser igual a Deus algo que deveria ser retido a qualquer custo. Pelo contrário, ele se esvaziou, assumindo a forma de servo, tornando-se semelhante aos seres humanos. E, reconhecido em figura humana, ele se humilhou, tornando-se obediente até a morte, e morte de cruz" (FILIPENSES 2:5-8).

Indiscutivelmente, Cristo foi e é o nosso maior exemplo de submissão. Ele se submeteu ao Pai, e foi obediente até a morte para nos salvar, mesmo sem merecermos esta graça proveniente de Deus. É sobre isso que conversaremos esta semana.

FALANDO SOBRE O ASSUNTO

Gostaria de destacar dois momentos da narrativa bíblica em que podemos observar a submissão de Jesus, visto que somos chamados a agir da mesma forma.

Primeiramente, perceba, em João 13:1-17, a submissão de Jesus em relação aos Seus discípulos, o momento em que Ele lava os pés deles. Jesus "levantou-se da mesa, tirou a capa e enrolou uma toalha na cintura. Depois, derramou água numa bacia e começou a lavar os pés de seus discípulos, enxugando-os com a toalha que estava em sua cintura" (vv.4-5). O Senhor Jesus, o Filho de Deus que se fez homem, veio à Terra e assumiu a função de servo. Ele declarou: "...uma vez que eu, seu Senhor e Mestre, lavei seus pés, vocês devem lavar os pés uns dos outros. Eu lhes dei um exemplo a ser seguido. Façam como eu fiz a vocês" (vv.14-15). Ele foi submisso para nos ensinar o que é submissão.

Cristo fala que aqueles que não têm os seus pés limpos não têm "comunhão" com Ele (v.9). Logo, para isso, alguém precisa se colocar à disposição para lavar os pés da igreja, a fim de que ela tenha comunhão com o Senhor. Porém, para que isso ocorra é necessário parar de buscar por posições de destaque ou de poder, e empenhar-se em desenvolver o caráter submisso de Cristo, usufruindo da Sua alegria enquanto trabalha nisso. Então, "agora que vocês sabem estas coisas, serão felizes se as praticarem" (v.17). Aprendamos com Cristo o valor da submissão!

Em segundo lugar, pontuo aqui o momento em que Jesus se submete a vontade de Deus: "Pai, se queres, afaste de mim este cálice. Contudo, que seja feita a tua vontade, e não a minha" (LUCAS 22:42), e morre na cruz. Jesus foi submisso e obediente ao Pai até a morte, e morte de cruz. Apesar de saber o quanto sofreria, Ele se sujeitou à vontade do Pai e sofreu por nós, em nosso lugar. Jesus, o homem sem pecado algum, se fez como um cordeiro, entregando a própria vida em favor de nós.

Vale lembrar que a cruz e tudo o que Ele sofreu era para nós, você e eu, suportarmos e passarmos, visto que a morte era o custo pelo pecado. Mas, Jesus, o homem mais submisso que já existiu em toda a história da humanidade, se entregou e morreu em nosso lugar.

Observe estes dois passos que tornam possível seguir o exemplo de submissão de Jesus:

> **Negar-se a si mesmo** (LUCAS 9:23)
>
> Embora não seja uma tarefa fácil, é o que Jesus diz para fazermos. Isso significa que dia após dia devemos dizer não à natureza humana decaída, nos

desviarmos dos desejos da carne (GÁLATAS 5:19-21) e amarmos ao Senhor acima de todas as coisas.em Gálatas 1:10 que não devemos buscar a aprovação das pessoas, é je nos tornamos suscetíveis à idolatria. Tratando-se das redes sociais, talvez a idolatria do "eu" seja a mais difundida, e é por isso que precisamos ficar atentos quanto ao nível de influência que sofremos ao estarmos conectados a elas.

Amar o próximo como a si mesmo (MATEUS 22:39)

Nem sempre é fácil amar as pessoas como a nós mesmos, principalmente pessoas distantes, desconhecidas ou aquelas que nos feriram em algum momento. Contudo, amar o nosso próximo é um ato de submissão ao Senhor, pois ao tomarmos essa decisão, estamos cumprindo um mandamento que Ele nos deixou.

Seja obediente ao Senhor, busque ouvir e fazer a vontade de Deus, pois assim entrará no reino dos Céus (MATEUS 7:21). Jamais se submeta a algo ou a alguém que vai contra os princípios bíblicos e que rejeita ou distorce a verdade do Senhor. Escolha seguir o exemplo de submissão de Jesus e experimente a alegria advinda da obediência a Deus.

QUESTÕES PARA DEBATE

1. Para você, ser submisso é algo fácil ou difícil? Por quê?
2. Como você entende, hoje, o ato simbólico de lavar os pés de alguém?
3. O quão submisso você tem sido a Deus? E às pessoas? Como pode melhorar a sua experiência quanto a isso?

ORAÇÃO

Jesus, muito obrigado pelo Teu ato de tão grande submissão demonstrado na cruz. Agradeço-te por teres sido submisso ao Pai até a morte, e morte de cruz, tornando-te assim o maior exemplo de submissão para a Tua Igreja. Ensina-me a ser submisso a ti em amor e a ter esse coração para com o meu próximo a fim de abençoá-lo, e não por querer algo em troca. Que o meu desejo seja somente agradar a ti. Em nome de Jesus. Amém!

GEOVANNA GRESCHUK
Engenharia Industrial Madeireira — Jesus na UFPR

ANOTAÇÕES

O FRUTO DO ESPÍRITO

SEMANA 16

ONDE ENCONTRAR NA BÍBLIA?

GÁLATAS 5:22-23
Mas o Espírito produz este fruto: amor, alegria, paz, paciência, amabilidade, bondade, fidelidade, mansidão e domínio próprio. Não há lei contra essas coisas!

JOÃO 15:8
Quando vocês produzem muitos frutos, trazem grande glória a meu Pai e demonstram que são meus discípulos de verdade.

MATEUS 3:8
Provem por suas ações que vocês se arrependeram.

A vida de um sobrevivente neste mundo é uma incansável busca por amor, paz, alegria e outros elementos associados a uma vida boa. Temos assistido de camarote o quanto a nossa geração tem tentado preencher essas lacunas com migalhas, acreditando que elas a satisfarão, embora só aumentem cada vez mais a sua carência. A grande e boa notícia é que existe suprimento verdadeiro para cada uma das necessidades humanas, porém ele é alcançado somente por aqueles que o procuram no lugar certo, ou seja, na pessoa do Espírito Santo. Ele, e apenas Ele, produz o fruto capaz de nos fartar plenamente de amor, paz, alegria e muito mais.

O Espírito Santo está disposto a compartilhar conosco, e por meio de nós, o Seu fruto. Ao nos conceder o Seu fruto e gerá-lo em nós, Ele nos capacita a viver de forma plena usufruindo da comunhão com Cristo.

FALANDO SOBRE O ASSUNTO

Você provavelmente já percebeu o quanto o meio influencia diretamente a personalidade de alguém. Repare em turmas mais avançadas de psicologia, por exemplo. A tendência é que, com o tempo, tais acadêmicos se enquadrem ainda mais nos estereótipos que temos em mente de como um psicólogo fala, age e até mesmo se veste. Não obstante, se analisarmos a entrada dos jogadores, no estádio que sediará a partida, observaremos que existe uma cultura de vestimenta, de aparência e no jeito de se movimentar. Existe algo nas pessoas que nos faz perceber o meio em que elas vivem. A partir do que vemos na realidade cultural e formulada por seres humanos, como a psicologia e o futebol, que influencia tanto o meio em que estamos inseridos, é importante refletirmos no quão poderosa é a influência de uma cultura eterna e divina que pertence a outro reino, o reino dos Céus.

Existe uma cultura que é perceptível na vida do discípulo de Jesus, e ela é incapaz de se sustentar no coração humano se não pelo Espírito de Deus. A conversão daquele que recebe a Jesus como Senhor e Salvador deve ser marcada por uma mudança de cultura, como consequência por receber o Espírito Santo habitando em si. Isso vem de dentro para fora e se manifesta na vida em comunidade. Estas características culturais do reino de Deus ("amor, alegria, paz, paciência, amabilidade, bondade, fidelidade, mansidão e domínio próprio") estão explícitas na carta de Paulo aos cristãos da Galácia.

Ao examinarmos Romanos 8:5-6, deparamo-nos com a realidade da vida espiritual, a saber: aqueles que vivem de acordo com o Espírito, têm a mente orientada a satisfazer aquilo que o Espírito deseja. A partir disso, entendemos que somos incapazes de gerar o fruto do Espírito sem termos antes passado pelo processo de submeter a nossa natureza humana (a nossa carne) a Deus e à Sua Palavra, subjugando as vontades carnais ao que agrada o Espírito de Deus. Ao vivenciarmos isso, nossa mentalidade, pensamentos, cultura e identidade passam a estar vinculadas ao Espírito Santo.

Quando permitimos o controle do Espírito Santo sobre nossa mente, isso "resulta em vida e paz" (v.6). Nossa mentalidade é transformada de acordo com os preceitos do reino dos Céus, e nossa vida torna-se habitação do próprio Espírito, de forma que passamos a gerar o fruto da cultura do próprio Deus. Por isso, qualquer tentativa de produzir o fruto do Espírito sem o relacionamento com Deus não trará resultado algum, pois no máximo teremos resquícios daquilo que, em Deus, poderia vir a ser um dia: amor, alegria e todas as demais virtudes. Toda jornada em busca do fruto do Espírito, sem buscar primeiro o Deus que o origina, será um fracasso.

Se atentarmos para o texto de Mateus 3:8, entenderemos que o fruto do Espírito é resultado de arrependimento e submissão ao Senhor. Mais do que virtudes para uma boa convivência, o fruto do Espírito compõe a vida da pessoa que, salva por Jesus, abandonou a cultura de sobrevivência deste mundo, trocando-a pela cultura de vida dada pelo próprio Deus Vivo.

O que muda quando sou salvo e me torno discípulo de Jesus? O fruto do Espírito! Agora carrego comigo o que o mundo busca, de todas as formas, alcançar, mas em sua forma plena e verdadeira. Isso fica ainda mais nítido nesta declaração de Jesus: "Quando vocês produzem muitos frutos, trazem grande glória a meu Pai e demonstram que são meus discípulos de verdade" (JOÃO 15:8).

Ó, que grande privilégio é ser um discípulo de Jesus e produzir frutos que trazem glória ao nosso Deus. Isso, sem sobra de dúvida, é uma marca inconfundível de que servimos e seguimos o Seu Filho, Jesus, nosso Salvador!

QUESTÕES PARA DEBATE

1. Onde tenho procurado por amor, alegria, paz, paciência, amabilidade, bondade, fidelidade, mansidão e domínio próprio?
2. Minha identidade, cultura e vivência expressam nitidamente que fui salvo por Cristo e produzo o fruto do Espírito?
3. Tenho me preocupado em frutificar para o reino de Deus, mais do que frutificar para meus próprios interesses?

ORAÇÃO

Querido Deus, meu desejo é produzir frutos que revelem o Céu e glorifiquem a ti. Perdoa-me por eu nem sempre manifestar, em minha vida, o que significa ser verdadeiramente um discípulo de Cristo. A partir de hoje, anseio por desenvolver o fruto do Espírito, permanecendo em Teu Filho, Jesus, e glorificando a ti, Pai. Que em mim se encontre amor, alegria, paz, paciência, amabilidade, bondade, fidelidade, mansidão e domínio próprio. Que minha vida sirva única e exclusivamente para a Tua glória, Senhor, e que eu carregue as marcas de um verdadeiro seguidor de Cristo. Em nome de Jesus. Amém!

ROBERTO OLEGÁRIO
Teologia / Jornalismo — Pastor da Igreja Harã

SEMANA 17

PAZ EM MEIO À GUERRA

É comum vermos pessoas desejando paz umas às outras em ocasiões como na virada de ano ou num aniversário. Também ouvimos sobre paz quando nos deparamos com um contexto de guerra, assim como no caso recente entre Ucrânia e Rússia. Apesar de desejarmos a paz em um mundo onde o caos reina, é difícil encontrarmos um momento de paz. Parece-nos que, a cada instante, surge uma nova notícia preocupante. Muitos lares estão em conflitos constantes, e para piorar, parece-nos, novamente, impossível encontrar paz no contexto universitário. Desejamos que as pessoas tenham paz e queremos ter paz em nossa vida, mas o que é a paz, afinal? De onde ela vem, e como podemos viver em paz?

ONDE ENCONTRAR NA BÍBLIA?

JOÃO 14:27

Eu lhes deixo um presente, a minha plena paz. E essa paz que eu lhes dou é um presente que o mundo não pode dar. Portanto, não se aflijam nem tenham medo.

JOÃO 16:33

Eu lhes falei tudo isso para que tenham paz em mim. Aqui no mundo vocês terão aflições, mas animem-se, pois eu venci o mundo.

FILIPENSES 4:7

Então vocês experimentarão a paz de Deus, que excede todo entendimento e que guardará seu coração e sua mente em Cristo Jesus.

FALANDO SOBRE O ASSUNTO

Durante a minha graduação na faculdade, percebi que a maioria dos meus colegas sofriam com problemas de ansiedade. Eu achava muito estranho ver como as pessoas estavam constantemente ansiosas e geralmente dopadas por causa dos remédios. E o que me chamava mais a atenção era saber que meus colegas sofriam com ansiedade cursando psicologia. Eu pensava comigo mesma: "Se estamos todos doentes, como iremos tratar alguém? Como falaremos sobre paz se não a experimentarmos?".

> **O que é paz e de onde ela vem?**

Certamente você também já lidou com uma situação de estresse intenso, pois todos nós lidamos com isso. O problema não está em ter momentos de ansiedade (algo normal), o problema é quando a ansiedade toma conta da nossa vida e já não conseguimos mais ter paz. Conforme Filipenses 4:9, a paz que vem de Deus estará conosco quando colocarmos em prática o que aprendemos na Sua Palavra. Ou seja, a paz perfeita vem somente de Deus, e ela permanece conosco a partir de um posicionamento prático da nossa parte. Jesus declarou: "Eu lhes falei tudo isso para que tenham paz em mim. Aqui no mundo vocês terão aflições, mas animem-se, pois eu venci o mundo" (JOÃO 16:33). A definição de paz, segundo a Palavra, não é a ausência de circunstâncias ruins ou a ausência de conflitos, como se encontra nos dicionários. Muitas vezes, em nossa mente, acreditamos que encontraremos paz quando as coisas se resolverem, mas ao lermos Filipenses 4:7, compreendemos que a paz oriunda de Deus excede a todo entendimento, ela vai além de toda e qualquer circunstância, por isso, o mundo não a entende.

> **Como permanecer em paz em meio a circunstâncias desfavoráveis?**

A partir do momento em que entendemos que a paz é um presente que podemos encontrar apenas em Deus (VEJA JOÃO 14:27), passamos a entender que para experimentá-la no dia a dia, precisamos, primeiramente, aceitar essa dádiva que nos é dada pelo próprio Deus e, em seguida, exercitá-la pela prática da Sua Palavra. Contudo, vamos ser sinceros: é muito mais fácil falar do que fazer, não é mesmo? Às vezes, pensamos que a paz é automática quando seguimos Jesus, mas de acordo com Filipenses 4:6-7, é um posicionamento que deve partir de nós. Perceba no texto que Deus nos recomenda a não ficarmos ansiosos, e em seguida nos mostra como fazer isso na prática: "...orem a Deus pedindo aquilo de que precisam e agradecendo-lhe por tudo que ele já fez" (v.6). E ainda: "Concentrem-se em tudo que é verdadeiro, tudo que é nobre, tudo que é correto, tudo que é puro, tudo que é amável e tudo que é admirável. Pensem no que é excelente e digno de louvor" (v.8). Quando colocamos a Palavra de Deus em prática, Deus vem e realiza aquilo que para nós é impossível: guarda nosso coração e nossa mente em Cristo Jesus.

✋ Como viver em paz com os outros?

Deus deseja que vivamos em paz, tanto em nosso coração, quanto uns com os outros. No entanto, como a Bíblia nos exorta em Colossenses 3:15, precisamos permitir "que a paz de Cristo governe o [nosso] coração", visto que somos "chamados a viver em paz...". Devemos ainda, "no que depender de" nós, viver "em paz com todos" (ROMANOS 12:18). De fato, é possível posicionar-se em amor sincero, a fim de construir diálogos e relacionamentos, mas precisamos entender que paz não é a ausência de conflitos. Portanto, não devemos agir como alguns que acabam deixando de compartilhar a verdade do evangelho para tentar evitar conflitos a todo custo. Certamente, por mais que façamos todo o possível para manter a paz, nem sempre o outro lado estará disposto à mesma coisa; porém, lembremo-nos de que prestaremos contas a Deus pela nossa própria disposição em manter a paz.

QUESTÕES PARA DEBATE

1. Você tem experimentado a paz de Cristo em seu coração? Se não, por quê?
2. Quais atitudes você tomará a partir de hoje para experimentar a paz "que excede a todo entendimento" em sua vida?
3. No que depende de você, tem buscado viver em paz com as pessoas à sua volta? De que forma?

ORAÇÃO

Senhor, perdoa-me por andar ansioso com muitas coisas. Agradeço-te por me presenteares com a Tua paz. Ajuda-me a colocar em prática aquilo que tenho aprendido em Tua Palavra. Que eu possa sempre lembrar-me de entregar tudo em oração a ti, mesmo que seja necessário fazer isso várias vezes ao dia. Eu quero experimentar e permanecer com a Tua paz em meu coração, e quero fazer o possível, no que depender de mim, para viver em paz com as pessoas à minha volta. Em nome de Jesus. Amém!

MYLENA MACHADO
Psicologia — *Pocket* UFGD

AMOR VERDADEIRO

SEMANA 18

ONDE ENCONTRAR NA BÍBLIA?

JOÃO 3:16-17

Porque Deus amou tanto o mundo que deu seu Filho único, para que todo o que nele crer não pereça, mas tenha a vida eterna. Deus enviou seu Filho ao mundo não para condenar o mundo, mas para salvá-lo por meio dele.

1 CORÍNTIOS 13:4-13

O amor é paciente e bondoso. O amor não é ciumento, nem presunçoso. Não é orgulhoso, nem grosseiro. Não exige que as coisas sejam à sua maneira. Não é irritável, nem rancoroso. Não se alegra com a injustiça, mas sim com a verdade. O amor nunca desiste, nunca perde a fé, sempre tem esperança e sempre se mantém firme. Um dia, profecia, línguas e conhecimento desaparecerão e cessarão, mas o amor durará para sempre. [...] Três coisas, na verdade, permanecerão: a fé, a esperança e o amor, e a maior delas é o amor.

1 JOÃO 3:16

Sabemos o que é o amor porque Jesus deu sua vida por nós. Portanto, também devemos dar nossa vida por nossos irmãos.

A palavra *amor* é um termo muito conhecido por todos. Em todas as línguas do mundo, é possível encontrar esta palavra ou alguma de suas variações. No Novo Testamento, a palavra amor e suas variações são as mais citadas. Isso nos revela o quanto Deus sabe sobre a importância do amor para a nossa vida, visto que o amor verdadeiro é a base do Seu plano de salvação. Todavia, não somente a palavra, mas o próprio amor tem sido banalizado e distorcido em nossa cultura: hoje há muitos que pensam saber o que é amor, quando, na verdade, estão vivendo algo que não tem, de fato, relação alguma com o amor verdadeiro. Já que esse amor não é um amor fraternal, familiar ou conjugal, e pode ser encontrado apenas na pessoa daquele que é amor: Deus.

FALANDO SOBRE O ASSUNTO

A ilusão dos dias de hoje sobre o amor

Atualmente, o amor está muito associado ao sentimento entre dois indivíduos dentro de um relacionamento amoroso. Para piorar, a nossa cultura não ajuda a retratar essa questão de forma saudável, visto que a produção midiática de séries e filmes visa normalizar romances em que o amor perde totalmente o seu verdadeiro sentido. Em 1 Coríntios 13, temos a descrição do verdadeiro amor, e podemos constatar que a representação vista nas telas é totalmente o oposto disso. Como consequência, encontramos uma geração que desconhece o amor em sua essência, e se acostuma com a versão totalmente distorcida dele. Somos encorajados a perseguir um padrão de amor que nos escraviza e que nos leva a pecar, enquanto o verdadeiro amor nos liberta "do poder do pecado" (ROMANOS 6:7) e nos possibilita viver "para a glória de Deus" (v.10).

Outra forma de amor que, infelizmente, é muito mal compreendida graças à cultura liberal atual, é o amor dos pais pelos filhos, já que ele acaba se manifestando de maneira inadequada e tóxica. O cuidado, o zelo e a proteção se tornaram ultrapassados e dispensáveis; isso é algo que afeta negativamente a compreensão do relacionamento entre o Pai que está no Céu e Seus filhos nesta Terra. Assim, o cuidado de Deus em colocar limites aos Seus filhos não é mais visto como uma manifestação do Seu amor por eles, pois tem-se pregado um ideal de libertinagem em que tudo é válido, logo "se Deus realmente me ama, deixará que eu faça o que quero". Todavia, o amor verdadeiro se manifesta por meio do cuidado e da disciplina, e é dessa forma que o amor de Deus Pai é revelado a nós (HEBREUS 12:5-11). Uma das maiores provas do amor divino é a disciplina, pois se Deus não nos amasse, Ele não nos daria a oportunidade de nos arrependermos de nossos pecados, não nos enviaria Jesus para nos libertar de tal escravidão e, por consequência, do juízo ao qual estávamos sentenciados.

O amor verdadeiro: o amor de Deus por nós

O verdadeiro amor neste mundo pode ser somente encontrado em Deus. Ele não representa o amor, Ele, de fato, é amor (1 JOÃO 4:8). Deus manifestou Seu amor aos homens ao enviar o Seu Filho único, Jesus, para morrer por nós, pecadores. Não éramos merecedores de tal sacrifício, mas Deus, incapaz de negar a si mesmo, se entregou por nós, por meio de Jesus Cristo, demonstrando assim o Seu imensurável amor. O maior tipo de amor que se pode demonstrar é o amor sacrificial, pois é entregar tudo de si pelo outro. O amor de Deus é integral, intencional e o único que tem poder para salvar. "Não existe amor maior do que dar a vida por [alguém]" (JOÃO 15:13). Jesus nos dá esse exemplo de amor ao sacrificar-se por nós, e Deus Pai mostra que tal sacrifício foi agradável a Ele ao ressuscitar Jesus dos mortos. O plano de Deus para nos salvar, executado por meio do Seu filho Jesus, nos traz a certeza de que nossos pecados foram perdoados (EFÉSIOS 1:7), e que temos nele a vida eterna (1 JOÃO 5:11).

Vivendo esse amor

Munidos desse amor, devemos viver não mais como escravos do pecado, mas como pessoas libertas por Deus para as boas obras. Não vivemos mais como "mendigos" que se saciam com migalhas de amor, mas como filhos que se fartam com o banquete que Deus nos deu: Jesus. Igualmente, devemos também amar o nosso próximo, pois se não amamos os que estão a nossa volta, de fato, não conhecemos o amor de Deus por nós (1 JOÃO 3:14-24).

"E este é seu mandamento: que creiamos no nome de seu Filho, Jesus Cristo, e amemos uns aos outros, conforme ele nos ordenou" (1 JOÃO 3:23). Portanto, amar não é uma opção, mas um mandamento. Devemos seguir o exemplo de Cristo para vivermos em amor, tanto na conduta pessoal como na vida em comunidade.

QUESTÕES PARA DEBATE

1. Como você define o amor que você experimenta em sua vida hoje?
2. Como podemos corrigir as distorções da vivência do amor, atualmente, mediante o entendimento do verdadeiro amor: o de Deus, em Cristo, por nós?
3. Como podemos demonstrar esse amor nos ambientes pelos quais transitamos?

ORAÇÃO

Senhor Deus, peço-te que nos ajudes a enxergar plenamente o Teu amor por nós. Que não sejamos cegados pelas mentiras apregoadas atualmente, mas que compreendamos plenamente o verdadeiro amor que demonstrastes por meio do Teu Filho Jesus. Agradeço-te por nos amar, mesmo sendo nós pecadores. Ensina-nos, também, a amar o nosso próximo como Tu nos amaste, de forma incondicional e imerecida. Pai, com gratidão eu oro. Em nome de Jesus. Amém!

VINÍCIUS BARRELA
Gestão de Negócios / Estudos da Bíblia — APU (EUA)

SEMANA 19

O DEUS BONDOSO

Você já parou para pensar o que caracteriza uma pessoa bondosa? Com certeza você já enfrentou dificuldades com algum professor na universidade ou com algum colega de turma, e tentou demonstrar a bondade do Senhor por meio de sua vida.

De que maneira, sendo universitários, podemos viver sob a bondade do Deus verdadeiramente justo e nos tornarmos parecidos com Ele nesse atributo? Como a obra do Senhor em nossa vida desenvolve o fruto do Espírito, também manifesto em bondade? É sobre esse tema que conversaremos hoje!

ONDE ENCONTRAR NA BÍBLIA?

ÊXODO 33:19

O Senhor respondeu: "Farei passar diante de você toda a minha bondade e anunciarei diante de você o meu nome, Javé. Pois terei misericórdia de quem eu quiser, e mostrarei compaixão a quem eu quiser".

SALMO 145:13

Pois o teu reino é reino para sempre; tu governas por todas as gerações. O Senhor sempre cumpre suas promessas; é bondoso em tudo que faz.

EFÉSIOS 4:32

Em vez disso, sejam bondosos e tenham compaixão uns dos outros, perdoando-se como Deus os perdoou em Cristo.

FALANDO SOBRE O ASSUNTO

Sempre que pensamos na bondade do Senhor, é impossível não lembrarmos deste cântico tão citado em meio à pregações e ministrações: "Deus é bom o tempo todo, o tempo todo Deus é bom". Essa declaração, apesar de comum em nosso meio e, em tantos momentos, falada de forma automática, revela-nos uma verdade imutável sobre o nosso Deus: Ele é bom!

No entanto, você já parou para pensar no que significa o Senhor ser bom? A Bíblia afirma que o nosso Deus é perfeitamente bom, sendo assim, a bondade não é simplesmente algo que Ele possui, mas sim a Sua própria natureza. O Senhor demonstrou que é bom ao atender o pedido de Moisés, quando este pediu que o Senhor lhe revelasse a Sua glória. Então, Deus fez passar diante desse líder toda a Sua bondade. O Senhor foi bom quando proveu alimento, água e abrigo para o Seu povo durante a peregrinação deles no deserto, bem como quando enviou corvos para alimentar Seu servo Elias em um dos momentos mais difíceis do ministério dele. Quando pensamos na bondade do Senhor, contemplamos a maior demonstração dela sobre a cruz, onde Seu Filho morreu para nos perdoar os pecados. A morte de Jesus nos revela o amor e a bondade do Deus que não nos abandonou à nossa própria natureza decaída, pois nos resgatou por meio do Seu próprio sofrimento.

Não restrita às Escrituras, a bondade do Senhor continua se manifestando em nosso dia a dia. A Sua Palavra afirma que Ele é bondoso em tudo o que faz, dessa forma, podemos ter a certeza de que todas as situações em nossa vida estão sob o cuidado do Deus cheio de bondade e compaixão. Nada passa despercebido ao olhar daquele que nos conhece por inteiro: Ele sabe de todas as nossas inquietações, e todos os nossos pecados são perdoados por meio da graça e bondade do Senhor. Nosso Deus é tão bondoso que não aplica a punição pelo pecado que merecíamos, pelo contrário, em Cristo, Ele revela diariamente Sua graça e compaixão aos pecadores.

Eis uma chave importante para o nosso relacionamento com o Senhor: Deus é bom! Ele nos concede diariamente a chance de nos encontrarmos com Ele e de sermos transformados pelo Seu agir em nós. Uma das estratégias que o maligno usa consiste em nos levar a acreditar que o Senhor não pode ser bom, já que tantas coisas ruins acontecem ao nosso redor, ou que não dão certo. "Como o Senhor pode ser bom se não consigo o estágio pelo qual tanto peço em oração?"; "Será que Deus é de fato bom se tantos problemas assolam nossa sociedade?". A incredulidade nos leva a duvidar da bondade de Deus e, consequentemente, nos torna incapazes de desenvolver a bondade bíblica em nossa vida.

Tendo refletido sobre a bondade do Senhor, torna-se muito mais fácil compreendermos a importância de praticarmos a bondade como manifestação do fruto do Espírito

(GÁLATAS 5:22), a partir do Seu agir em nós. Ao nos depararmos com a bondade de Deus para conosco, é impossível não perceber que o Senhor deseja que nós, Seus imitadores, manifestemos Sua bondade em tudo o que somos e fazemos. Precisamos investir tempo na oração e na meditação da Palavra de Deus, todos os dias, para que o caráter de Cristo seja formado em nós. Dessa forma, seremos capazes de agir com bondade para com os outros. Em outras palavras, seremos capazes de fazer "aos outros o que [desejamos] que eles nos façam" (LUCAS 6:31): ajudaremos aos que nos fizerem mal, amaremos nossos inimigos e oraremos por aqueles que não gostam de nós (MATEUS 5:44). Assim agiremos "como verdadeiros filhos de [nosso] Pai, que está no Céu..." (v.45). Ao sermos transformados pela bondade de Deus, poderemos agir de forma bondosa sem esperar nada em troca, sabendo que a nossa recompensa vem das mãos do próprio Criador, o nosso Pai.

QUESTÕES PARA DEBATE

1. Como podemos, inspirados na bondade do Senhor, viver de forma bondosa e compassiva?

2. O que significa dizer que o Senhor é bom?

3. Você poderia compartilhar alguma experiência em que a bondade de Deus se manifestou em sua vida?

ORAÇÃO

Senhor Deus, que a Tua bondade seja uma verdade imutável em nosso coração e que, a partir dela, sejamos capazes de demonstrar bondade para com os nossos semelhantes. Senhor, torna-nos mais parecidos contigo todos os dias, que não nos cansemos de fazer o bem e te imitarmos em todo tempo. Em nome de Jesus. Amém!

MARIA EDUARDA VARGAS
Direito — UniCuritiba

DOMÍNIO PRÓPRIO OU FORÇA DE VONTADE?

SEMANA 20

ONDE ENCONTRAR NA BÍBLIA?

2 PEDRO 1:3-9

Deus, com seu poder divino, nos concede tudo de que necessitamos para uma vida de devoção, pelo conhecimento completo daquele que nos chamou para si por meio de sua glória e excelência. E, por causa de sua glória e excelência, ele nos deu grandes e preciosas promessas. São elas que permitem a vocês participar da natureza divina e escapar da corrupção do mundo causada pelos desejos humanos. Diante de tudo isso, esforcem-se ao máximo para corresponder a essas promessas. Acrescentem à fé a excelência moral; à excelência moral o conhecimento; ao conhecimento o domínio próprio; ao domínio próprio a perseverança; à perseverança a devoção a Deus; à devoção a Deus a fraternidade; e à fraternidade o amor. Quanto mais crescerem nessas coisas, mais produtivos e úteis serão no conhecimento completo de nosso Senhor Jesus Cristo. Mas aqueles que não se desenvolvem desse modo são praticamente cegos, vendo apenas o que está perto, e se esquecem de que foram purificados de seus antigos pecados.

PROVÉRBIOS 25:28

Quem não tem domínio próprio é como uma cidade sem muros.

Quando escolhi esse tema, mal sabia eu que meu coração seria lapidado por Deus exatamente nesse assunto. Acredito que muitos cristãos já ouviram falar sobre o fruto do Espírito (GÁLATAS 5:22-23), e na maioria das vezes, podemos até citar as nove virtudes que o compõem de cor, mas será que realmente sabemos aplicar tais virtudes em nossa vida? O domínio próprio é muitas vezes interpretado como *força de vontade* para fazer algo, autocontrole para saber reagir às situações. E se eu disser que domínio próprio e força de vontade são duas coisas totalmente diferentes?

É sobre as diferenças entre domínio próprio e força de vontade que conversaremos a seguir.

FALANDO SOBRE O ASSUNTO

Pensemos na diferença entre domínio próprio e força de vontade. Como a própria expressão sugere, a força de vontade baseia-se totalmente na própria força de vontade, no próprio eu, o quanto de força eu tenho, o quanto eu consigo lutar, o quanto eu consigo me defender e defender as minhas próprias causas e interesses.

Por outro lado, o domínio próprio é baseado na temperança. A palavra traduzida como domínio próprio, ἐγκράτεια (*egkrateia*), no original grego significa *autocontrole, continência, conhecimento profundo, maestria, virtude daquele que consegue controlar seus desejos*. Este controle só pode ser exercido por meio do Espírito Santo.

Um dos maiores exemplos de domínio próprio encontrado na Bíblia é o de Jó. Sem dúvida alguma, houve momentos em que Jó apresentou sua defesa aos amigos que o acusavam, sua indignação por não encontrar motivos para seu sofrimento e, provavelmente, sentiu raiva por tudo de ruim que acontecera com ele e com aqueles a quem ele tanto amava. Como não se revoltar contra Deus diante de tudo pelo qual passava? Como não se vingar? Como não lutar com a própria força enquanto pudesse? Tenho plena convicção de que a temperança por ele demonstrada foi possível somente por meio de sua rendição à vontade Deus, em outras palavras, com a ajuda do Espírito Santo. Jó declarou: "Se vou para o leste, lá ele não está; sigo para o oeste, mas não consigo encontrá-lo. Não o vejo no norte, pois está escondido; quando olho para o sul, ele está oculto. E, no entanto, ele sabe aonde vou; quando ele me provar, sairei puro como o ouro. Pois permaneci nos caminhos de Deus; segui seus passos e nunca me desviei" (JÓ 23:8-11).

Acredito que passar por provações seja um dos nossos maiores desafios como cristãos. Muitas vezes, queremos vencer nossas próprias lutas por nós mesmos, pela força do nosso braço. A intenção do nosso coração até parece boa, mas o que realmente estamos dizendo é: "Deus, pode deixar que eu sou autossuficiente e vou resolver isso sozinho", ou então dizemos: "Deus acredito no Seu poder e no Seu agir, mas quanto a essa situação penso que eu sou forte o bastante e consigo lidar com ela do meu jeito sem precisar da Sua ajuda". Certamente precisamos lutar nossas batalhas, mas não separados do Espírito Santo, pelo contrário, necessitamos que Ele esteja junto conosco, orientando cada passo nosso.

Ao rendermos a nossa força de vontade, o nosso eu ao Senhor, experimentaremos, com certeza, o Seu agir em nós. Somente em submissão ao Espírito de Deus, Ele produzirá o Seu fruto em nós e nos tornará capazes de exercer o domínio próprio diante das situações que, dia a dia, nos desafiam a agir por nós mesmos e a nos revoltarmos contra o Senhor. Lembremo-nos de que o Espírito Santo nos ajuda em nossas fraquezas e de que Deus é por nós, não contra nós (ROMANOS 8:26-32). Que possamos dizer de nossa vida, assim como disse Jó: "...[Tu sabes] aonde vou; quando [Tu] me provar, sairei puro como o ouro. Pois permaneci nos [Teus] caminhos [...]; segui [Teus] passos e nunca me desviei" (JÓ 23:10-11).

QUESTÕES PARA DEBATE

1. Há áreas em que você tem tentado vencer em sua própria força? Como você lidará com elas daqui para frente?

2. A sociedade diz: "Não se desculpe pelas suas ações e emoções, viva-as intensamente, seja fiel às suas próprias vontades e defenda suas causas"; como viver o evangelho e demonstrar domínio próprio, mesmo em meio a tentações e desafios?

3. Como exercer o domínio próprio no falar, no pensar e no agir com as pessoas ao seu redor, em situações em que nos sentimos injustiçados?

ORAÇÃO

Deus, arrependo-me por muitas vezes tentar vencer minhas batalhas na minha própria força. Reconheço que não consigo exercer o domínio próprio sem o Teu Espírito. Preciso do Teu poder agindo em mim para me conduzir a uma vida de excelência e de submissão à Tua vontade. Capacita-me a ser uma nova criatura e ter minhas emoções controladas pelo Teu Espírito, para que eu não fira a mim ou os outros nem entristeça o Teu coração. Faz tudo novo em mim! Em nome de Jesus. Amém!

ANA JULIA VIEIRA
Teologia — Portland Bible College Questões para debate

SEMANA 21

SOB A CONSTÂNCIA DO ESPÍRITO

A vida corrida de um universitário cristão pode facilmente levá-lo a uma montanha-russa de emoções e de sentimentos que o desafiam a seguir a Jesus, manifestar o amor de Deus e a andar em santidade, especialmente na universidade. Isso se agrava ainda mais em meio ao estresse de trabalhos a serem entregues e provas a serem realizadas.

Contudo, diante desses desafios, é importante entender a nossa identidade em Cristo de forma que tenhamos em mente que ser amável, bom e manso, consigo e com os outros, é vivenciar o fruto do Espírito, que brota em nosso interior e se desenvolve a partir da nossa intimidade e constância com o Senhor. Sendo assim, reflita: como você tem tratado a si mesmo e aos outros?

ONDE ENCONTRAR NA BÍBLIA?

MARCOS 16:15
Jesus lhes disse: "Vão ao mundo inteiro e anunciem as boas-novas a todos".

ISAÍAS 6:8
Então ouvi o Senhor perguntar: "Quem enviarei como mensageiro a este povo? Quem irá por nós?". E eu respondi: "Aqui estou; envia-me".

2 TIMÓTEO 2:24
O servo do Senhor não deve viver brigando, mas ser amável com todos, apto a ensinar e paciente.

TITO 3:2 NVI
Não caluniem ninguém, sejam pacíficos, amáveis e mostrem sempre verdadeira mansidão para com todos os homens.

GÁLATAS 5:22-23
Mas o Espírito produz este fruto: amor, alegria, paz, paciência, amabilidade, bondade, fidelidade, mansidão e domínio próprio. Não há lei contra essas coisas!

FALANDO SOBRE O ASSUNTO

Em nosso tempo na universidade, geralmente, fazemos amizades e passamos por diversas experiências. Esses fatos estabelecem memórias que nos acompanharão por toda a nossa vida. Somos nós que escolhemos como tratamos as pessoas ou a nós mesmos durante esse tempo e que marcas deixaremos na vida daqueles com quem convivemos. Vejamos algumas das virtudes do fruto do Espírito, mencionadas em Gálatas 5:22-23, que somos desafiados a demonstrar aos outros:

- **Amabilidade**

    A amabilidade também pode significar *ser afável* ou *ser terno*, apresentando um comportamento ou vocabulário que revelam educação, cortesia ou cordialidade. Temos oportunidades de escolher sermos amáveis todos os dias. Em 2 Timóteo 2:24, Paulo nos orienta o seguinte: "O servo do Senhor não deve viver brigando, mas ser amável com todos, apto a ensinar e paciente". Ao escolhermos a amabilidade, ao invés de apenas reagir ao mundo exterior de forma abrupta, nossos pensamentos e nossas emoções mudam. Com o exercício constante e a inspiração do Espírito Santo, podemos nos tornar pessoas melhores.

- **Bondade**

    A bondade revela a qualidade de quem pratica o bem, a benevolência, a generosidade, os atos de gentileza e de compaixão, por exemplo. Ser bondoso relaciona-se com as atitudes de alguém. Assim, é possível dizer que a bondade seria a exteriorização, em forma de ações, da amabilidade. Portanto, quão privilegiados somos por termos o Espírito Santo para nos guiar e para lapidar o nosso caráter a fim de nos tornarmos amáveis e demonstrarmos bondade aos outros.

- **Mansidão**

    Tratar os outros com mansidão demonstra atenção, cuidado, delicadeza e preocupação com os nossos relacionamentos. Isso nos torna mais humanos e mais parecidos com o que Jesus ensinou, pois Ele é "manso e humilde de coração..." (MATEUS 11:29). Paulo nos exorta a sermos "pacíficos, amáveis e [mostrarmos] sempre verdadeira mansidão para com todos..." (TITO 3:2 NVI), ou seja, para com todas as pessoas com quem interagimos. Que tal começar a ser manso, demonstrando mansidão para consigo mesmo? Afinal, apenas conseguimos dar ao outro aquilo que já temos em nós. Esteja atento às suas necessidades físicas, emocionais, espirituais e intelectuais, e escolha cuidar delas sempre que as oportunidades surgirem.

Que, a cada dia, sigamos constantemente buscando estar cheios do Espírito Santo. Dessa forma, nossa vida manifestará não apenas essas virtudes, mas todas as demais provenientes do agir do Senhor em nós.

QUESTÕES PARA DEBATE

1. Em quais situações você é mais tentado a perder o controle no seu dia a dia?
2. A partir da pergunta anterior, que mudanças você poderia fazer a fim de agir com mais amabilidade, bondade e mansidão para consigo e com os outros?
3. Quais dessas três virtudes do fruto do Espírito você já tem manifestado em sua vida? Quais ainda não? Por quê?

ORAÇÃO

Pai amado, agradeço-te por teres deixado a Tua Palavra como norma de conduta para que eu saiba como tratar e lidar com as outras pessoas e comigo mesmo. Com a ajuda do Teu Santo Espírito, comprometo-me a ser uma pessoa melhor a cada dia. Ensina-me a ser mais amável, bondoso e manso para com os outros e para comigo também; que eu seja sensível à Tua voz e ouça o Senhor me orientando a manifestar o fruto que o Teu Espírito produz em mim. Em nome de Jesus. Amém!

LETÍCIA PASTORE

Psicologia — UTP

A FORÇA DE SER MANSO

SEMANA 22

ONDE ENCONTRAR NA BÍBLIA?

GÁLATAS 5:22-23
Mas o Espírito produz este fruto: amor, alegria, paz, paciência, amabilidade, bondade, fidelidade, mansidão e domínio próprio. Não há lei contra essas coisas!

MATEUS 11:28-29
Venham a mim todos vocês que estão cansados e sobrecarregados, e eu lhes darei descanso. Tomem sobre vocês o meu jugo. Deixem que eu lhes ensine, pois sou manso e humilde de coração, e encontrarão descanso para a alma.

Em um mundo cheio de avanços tecnológicos e científicos, o novo que surge a cada instante, mostra o reflexo de algo bem antigo: a natureza humana decaída e distante de Deus. O que se vê é um alto índice de estresse e de ansiedade, dentre outras patologias.

A sociedade atual preza pelo avanço, mas que se esqueceu de desenvolver o equilíbrio emocional, psicológico e espiritual. O que se tem valorizado é o "ter tudo" e ser bem-sucedido, ao invés de "ser uma pessoa melhor".

O fato é que todos nós deveríamos desejar ser mansos em nosso caráter a fim de expressar a mansidão em nossas atitudes. Dito isto, vejamos: O que é mansidão? Onde de fato encontrar a mansidão? E ao encontrá-la, como colocá-la em prática?

FALANDO SOBRE O ASSUNTO

Há poucos dias parei para assistir o noticiário e fiquei paralisada, pois falavam, continuamente, apenas de atos violentos. O resumo de cada notícia é: pessoas discutiam em determinados lugares e agrediam umas às outras. De fato, estamos vivendo tempos em que a paciência das pessoas está por um fio, e a mansidão já não tem voz frente ao estresse ou à raiva.

No entanto, Deus, em meio a todo esse caos, tem nos chamado para sermos mansos, cultivadores da mansidão, pacificadores que agem com sabedoria em meio às dificuldades enfrentadas diariamente. Seguiremos aqui uma linha de raciocínio para fazermos a diferença, sermos mansos e manifestar a mansidão em nosso viver. Primeiro, descobriremos o que de fato é a mansidão, depois, onde a encontramos e, por fim, como colocá-la em prática.

O que é mansidão?

Sabendo agora o que é a mansidão, fica mais fácil encontrá-la. Diante disso, você precisa ter em mente que a mansidão não se encontra em algo, mas sim em uma pessoa: Jesus. Em Mateus 11:29, Jesus nos diz que o ser manso compõe a Sua natureza, o Seu caráter; logo, Ele expressa mansidão em Suas ações. Portanto, ao andarmos com Ele, aprenderemos sobre a mansidão e encontraremos a força da qual necessitamos para sermos pessoas tranquilas, mansas e cautelosas.

Ao orarmos ao Pai, clamando por mansidão, o nosso caráter será forjado e moldado para não mais sermos dominados por sentimentos, angústias ou estresse, mas sim por Sua palavra. O nosso pesado fardo será trocado pelo fardo leve que Jesus nos oferece e encontraremos, nele, descanso para nossa alma (MATEUS 11:28-30).

Onde encontramos a mansidão?

Sabendo agora o que é a mansidão, fica mais fácil encontrá-la. Diante disso, você precisa ter em mente que a mansidão não se encontra em algo, mas sim em uma pessoa: Jesus. Em Mateus 11:29, Jesus nos diz que o ser manso compõe a Sua natureza, o Seu caráter; logo, Ele expressa mansidão em Suas ações. Portanto, ao andarmos com Ele, aprenderemos sobre a mansidão e encontraremos a força da qual necessitamos para sermos pessoas tranquilas, mansas e cautelosas.

Ao orarmos ao Pai, clamando por mansidão, o nosso caráter será forjado e moldado para não mais sermos dominados por sentimentos, angústias ou estresse, mas sim por Sua palavra. O nosso pesado fardo será trocado pelo fardo leve que Jesus nos oferece e encontraremos, nele, descanso para nossa alma (MATEUS 11:28-30).

☞ Como colocar a mansidão em prática?

Agora que sabemos o que é mansidão e em quem a encontramos, precisamos saber como a colocar em prática. Diariamente, enfrentamos várias situações em que o nosso caráter é posto à prova. Sabendo que em Cristo, mediante o agir do Espírito Santo, possuímos a força para sermos mansos, podemos escolher manifestar a mansidão.

Ser manso não significa ser uma pessoa sem reações, que aceita tudo sem questionar ou corrigir, como se estivesse tudo sempre muito bom. Mas significa seguir o exemplo daquele que é "manso e humilde de coração". Significa agir com brandura e gentileza em relação ao próximo, sem rejeitá-lo ou ofendê-lo, e também sujeitar o ego e o orgulho à humildade aprendida de Jesus. Precisamos enxergar o outro com valor, recusar em nós o senso de superioridade e estar disposto a servir (MARCOS 10:42-45).

Por fim, entenda o seguinte: ao iniciar essa jornada em busca da mansidão, não perca tempo nem se engane vivendo a base de performances, pois o ser manso vai além de apenas agir com mansidão. Primeiro busque ser manso, em Jesus, tendo o caráter dele formado em você. Permita que Ele cultive e enraíze a mansidão em seu interior, para que, assim, você manifeste quem você é verdadeiramente nele.

Portar a mansidão é sobre negar a si mesmo, ser generoso e pensar sempre no bem do próximo. É viver para agradar Aquele que, de fato, é "manso e humilde de coração": Jesus.

QUESTÕES PARA DEBATER

1. Para você, o que é ser manso?
2. Reflita sobre a sua vida diária: você tem agido com mansidão ou tem deixado o estresse tomar a frente de suas ações? O que o leva a agir assim?
3. Olhando para o exemplo de Jesus, como você pode manifestar mansidão em seu dia a dia?

ORAÇÃO

*Deus Pai, Todo-poderoso, graças te dou por saber
que Tu és manso e podes cultivar a mansidão em nosso coração.
Perdoa-me pelas atitudes rudes e ofensivas que tenho tido
para com o próximo. Ensina-me a ser manso e humilde de coração como
Tu és. Forja o meu caráter em ti para que a mansidão seja
uma realidade em minhas atitudes. Em nome de Jesus. Amém!*

SÔNIA AZEVEDO
Enfermagem — Jesus no CEST

ANOTAÇÕES

_____

_____

_____

_____

_____

_____

EXISTE ALEGRIA PLENA?

SEMANA 23

ONDE ENCONTRAR NA BÍBLIA?

GÁLATAS 5:22-23
Mas o Espírito produz este fruto: amor, alegria, paz, paciência, amabilidade, bondade, fidelidade, mansidão e domínio próprio. Não há lei contra essas coisas!

SALMO 16:11
Tu me mostrarás o caminho da vida e me darás a alegria de tua presença e o prazer de viver contigo para sempre.

FILIPENSES 4:4
Alegrem-se sempre no Senhor. Repito: alegrem-se!

Buscamos, o tempo todo, algo que nos traga alegria. Todos ansiamos por ela, seja por meio de relacionamentos, hobbies, sucesso, dinheiro ou qualquer outra coisa. Nas redes sociais, seguimos e curtimos tudo aquilo que nos parece ser sinônimo de alegria. Certas coisas e pessoas nos inspiram, assim tentamos imitá-las, buscando reproduzir algo que pensamos que nos fará feliz. Porém, na vida real, será que reproduzir tais modelos tem, de fato, nos feito alegres? Podemos afirmar que nosso dia a dia é de alegria plena? Apesar da aparente felicidade que testemunhamos em nossos dias, basta entrarmos em uma conversa mais profunda com alguém para perceber que, inclusive dentro da igreja, poucas pessoas vivem e conhecem, realmente, o que é alegria. Será que existe alegria de verdade?

FALANDO SOBRE O ASSUNTO

Você já parou para pensar que vivemos na era mais tecnológica e avançada de todos os tempos? Tudo tem se adaptado para facilitar a vida das pessoas, e a ciência continua avançando. As coisas são tão mais fáceis e tão mais rápidas do que alguns anos atrás! Todavia, por mais incrível que pareça, apesar de todos os avanços da humanidade, a tristeza se espalha, e até vemos um cenário em que os casos de depressão se multiplicam massivamente, a doença nominada como "o mal do século 21", segundo a Organização Mundial da Saúde (OMS).

Mas afinal, se tudo está mais fácil e mais avançado, as pessoas não deveriam estar mais satisfeitas? Menos tristes e mais alegres?

O que é alegria?

Geralmente, na Bíblia, encontramos a felicidade relacionada com o ser, um bem-estar duradouro que advém de boas escolhas. Já a alegria, é melhor compreendida como uma decisão, uma disposição do coração que opta por nutrir um estado de espírito alegre, o que gera atitudes positivas e o sentimento de alegria, logo, ele precisa ser cultivado e mantido. Entendemos, portanto, que a alegria não representa a ausência de tristeza, mas uma forma diferente de lidar com a vida apesar das dificuldades.

De onde vem a alegria e como ela se estabelece?

Sim, a alegria plena existe e ela é fruto do Espírito (GÁLATAS 5:22). Todo aquele que aceita o Senhor em seu coração, como único e suficiente Salvador, recebe com Ele o presente da alegria. Entretanto, a alegria não é algo automático. Precisamos cultivar o relacionamento íntimo e constante com o nosso Pai, pois a alegria abundante é encontrada em viver em comunhão com Ele (SALMO 16:11). A Bíblia também nos ensina que "a alegria do SENHOR é [nossa] força" (NEEMIAS 8:10), sendo assim, quando não estamos alegres, estamos fracos e vulneráveis. Jesus afirma, depois de uma conversa com os discípulos: "Eu lhes disse estas coisas para que fiquem repletos da minha alegria. Sim, sua alegria transbordará!" (JOÃO 15:11). Portanto, a alegria que vem do Senhor pode fluir com abundância em nós e por meio de nós.

Como viver em alegria plena

Por muito tempo, busquei a alegria em diversos lugares, mas não a encontrei. Quando entrei na faculdade, eu ainda não experimentava a alegria plena do Senhor, mas buscava por ela em Deus. Certo dia, porém, Deus me mostrou que eu deveria começar a viver a alegria pela fé, então, decidi que agiria com alegria mesmo se não a sentisse. Pouco depois de tal decisão, uma amiga perguntou qual era o meu segredo para ser tão alegre. Pude então contar a ela que, naquele momento, eu não estava me sentindo bem, mas que tinha decidido, pela fé, viver em alegria independentemente das circunstâncias. Então, logo em seguida, um sentimento de alegria inundou o meu ser, e agora posso afirmar que sou verdadeiramente feliz.

A alegria é uma ordenança vinda do Senhor, como vemos em Filipenses 4:4. Quando devemos viver alegres? Sempre! Como? Buscando e nos alegrando no Senhor! Deus sabe que a nossa tendência humana é a de nos entristecermos diante das dificuldades, mas Ele deseja que sejamos alegres! Há um posicionamento de alegria que só pode ser encontrado no Senhor e não podemos perdê-lo de vista. "Eu lhes falei tudo isso para que tenham paz em mim. Aqui no mundo vocês terão aflições, mas animem-se, pois eu venci o mundo" (JOÃO 16:33). Deus deseja que cheguemos a esse ponto, o de nos mantermos em paz e alegres por Cristo, e não pelas circunstâncias.

QUESTÕES PARA DEBATE

1. Você tem experimentado da alegria que vem do Senhor? Se não, por quê?
2. Quais são as maneiras pelas quais você pode, pela fé, praticar a alegria em sua vida?
3. Como você pode transbordar alegria na vida de alguém hoje?

ORAÇÃO

Senhor, perdoa-me por buscar minha alegria em tantas outras coisas quando eu deveria buscá-la em ti. Agradeço-te porque posso pela fé usufruir da verdadeira alegria a partir de hoje, permanecendo na Tua presença. Que o Teu Espírito reine em meu coração e manifeste a alegria que vem de ti por onde eu passar, de maneira abundante. Em nome de Jesus. Amém!

MYLENA MACHADO
Psicologia — *Pocket* UFGD

SEMANA 24

ONDE RESIDE A PACIÊNCIA?

Quando decidimos prestar vestibular para fazermos um curso universitário, começa uma grande jornada em nossa vida. Durante esse percurso, que para muitos também será a transição da fase de adolescência para a fase adulta, haverá muitas descobertas. Muitas qualidades serão exercitadas e muitas outras serão desenvolvidas nesse período. Desde o pré-vestibular, passando pela prova em si e seu resultado até o início do curso universitário, somos invadidos por um turbilhão de sentimentos. Dentre tantas habilidades que precisamos exercitar, surge o desafio da paciência. Quem não ficou ansioso esperando pelo resultado da seleção, ou teve que realizar uma tarefa que era muito difícil, ou perseverou mesmo quando outros desistiram? Possivelmente, a habilidade utilizada para processar a execução e o tempo dessas questões foi a paciência.

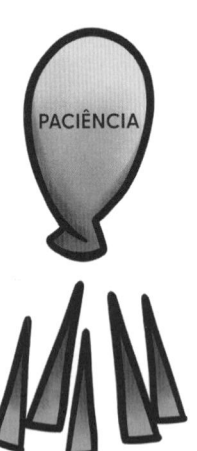

ONDE ENCONTRAR NA BÍBLIA?

SALMO 40:1
Esperei com paciência pelo Senhor; ele se voltou para mim e ouviu meu clamor.

ROMANOS 12:12
Alegrem-se em nossa esperança. Sejam pacientes nas dificuldades e não parem de orar.

EFÉSIOS 4:2
Sejam sempre humildes e amáveis, tolerando pacientemente uns aos outros em amor.

FALANDO SOBRE O ASSUNTO

Ao concordarmos que a paciência é uma habilidade, precisaremos entender também que ela é algo que desenvolvemos através da prática. Os textos bíblicos selecionados nos indicam claramente que a paciência é uma postura que decidimos ter diante das situações difíceis que enfrentamos. Logo, ela não tem a ver com a capacidade de esperar por algo, mas sim com a maneira como agimos enquanto esperamos.

A paciência como fruto do Espírito (GÁLATAS 5:22), que em nós habita por meio de Cristo, desafia-nos a manifestar a Sua vida por meio do nosso viver, e isso inclui uma boa atitude para com os outros.

Paciência que é perseverança

Muitas coisas que nós desejamos não acontecem da noite para o dia. E algumas delas podem demorar muito tempo até que se realizem. Imagine você ter que esperar 25 anos para conseguir alcançar seu objetivo. Parece muito difícil, não é mesmo? Mas foi esse o tempo que Abraão esperou para que a promessa, o nascimento de seu filho, Isaque, se cumprisse. Ter paciência é esperar pelo Senhor com força e coragem (SALMO 27:14), sem viver preocupado enquanto espera, apresentando tudo a Deus em oração (FILIPENSES 4:6). Foi isso que Abraão fez; independentemente do tempo transcorrido, ele persistiu na promessa.

Paciência que é persistência

Muitas coisas que nós desejamos não acontecem da noite para o dia. E algumas delas podem demorar muito tempo até que se realizem. Imagine você ter que esperar 25 anos para conseguir alcançar seu objetivo. Parece muito difícil, não é mesmo? Mas foi esse o tempo que Abraão esperou para que a promessa, o nascimento de seu filho, Isaque, se cumprisse. Ter paciência é esperar pelo Senhor com força e coragem (SALMO 27:14), sem viver preocupado enquanto espera, apresentando tudo a Deus em oração (FILIPENSES 4:6). Foi isso que Abraão fez; independentemente do tempo transcorrido, ele persistiu na promessa.

Paciência que é amor

Aquele que demonstrou o maior amor pela humanidade, o nosso Senhor Jesus, deseja que nos amemos uns aos outros, com os defeitos e qualidades que todos temos. O Senhor mesmo nos desafia: "Aquele [...] que nunca pecou atire a primeira pedra" (JOÃO 8:7) e, ainda, afirma: "...todos pecaram e não alcançam o padrão da glória de Deus" (ROMANOS 3:23). Se olharmos honestamente para nossa natureza decaída e reconhecermos que não somos perfeitos, saberemos, a partir do exemplo de Cristo, que todos nós carecemos amar e sermos amados. E, quando escolhemos amar, devemos seguir o modelo bíblico: "O amor é paciente..." (1 CORÍNTIOS 13:4).

A paciência, como fruto do Espírito Santo, é uma dádiva que ganhamos quando recebemos Jesus em nossa vida, contudo ela precisa ser cultivada a fim de que cresça e alcance outros. Sendo assim, pratique hoje a paciência, sendo perseverante, persistente e amoroso em sua jornada de fé.

QUESTÕES PARA DEBATE

1. De que maneira você entende e demonstra paciência?
2. Pode-se dizer que as pessoas têm visto a paciência como fruto do espírito em sua vida? Por quê?
3. Pense em situações do seu dia a dia em que você não tem tido paciência. O que pode fazer para mudar isso?

ORAÇÃO

Senhor, agradeço-te por me mostrares a importância da paciência, pois, às vezes, vivo com sentimentos de imediatismo, ou falta de esperança, contudo entendo que para tudo há um tempo determinado. Ajuda-me para que, por meio da minha vida, eu possa demonstrar paciência e o Teu amor às pessoas que estão a minha volta. Oro por essas coisas e te agradeço por tudo. Em nome de Jesus. Amém!

ANDREZA CEZÁRIO
Nutrição — UERJ

FIDELIDADE NO CAMINHAR

SEMANA 25

ONDE ENCONTRAR NA BÍBLIA?

ÊXODO 16:4

Então o Senhor disse a Moisés: "Vejam, farei chover comida do céu para vocês. Diariamente o povo sairá e recolherá a quantidade de alimento que precisar para aquele dia. Com isso, eu os provarei para ver se seguirão ou não minhas instruções".

GÁLATAS 5:22

Mas o Espírito produz este fruto: amor, alegria, paz, paciência, amabilidade, bondade, fidelidade...

Fala *pra* mim: você está colocando fé no profissional que você está se tornando? Tem acreditado no propósito de estar na universidade? Consegue contemplar a fidelidade de Deus em meio aos seus passos de fé?

Às vezes estamos tão mergulhados na rotina que nos esquecemos que a grandeza do que Deus pode nos proporcionar na experiência universitária é muito mais relevante do que "viver a universidade". E para tanto, precisamos ter fé e sermos fiéis para corresponder a tal privilégio. Já me antecipo em dizer que isso vale a pena, pois essa confiança não costuma ser frustrada.

FALANDO SOBRE O ASSUNTO

Ao lermos o livro de Êxodo, é fácil perceber a falta de fé do povo Israel recém-liberto da escravidão no Egito e rumo à Terra Prometida. Mesmo vendo a mão de Deus em diversos milagres, antes e depois de saírem do Egito, a incredulidade deles os fez peregrinar por 40 anos no deserto. Contudo, nunca lhes faltou provisão diária durante todo este tempo. A despeito das reclamações do povo, o Senhor se manifestava toda manhã com uma demonstração do quanto queria se relacionar com aquelas pessoas. Mas sempre havia murmuração e, apesar dos Seus sinais sobrenaturais, elas não foram fiéis a Deus, pois lhes faltava fé. Assim, não o reconheceram nem buscaram um relacionamento mais profundo com Ele. Inclusive, por vezes, lamentaram terem saído do Egito, preferindo viver como escravos a confiar que Deus estava fazendo o melhor para elas.

Frutificar é preciso

A narrativa de Êxodo pode revelar algo do nosso coração. Se, ao lermos, concluirmos que o povo foi muito incrédulo e que mereceu ficar os 40 anos no deserto, de alguma forma, o nosso coração está demonstrando orgulho e tendendo a uma superioridade inadequada. Acredito que Deus quis compartilhar essa história em Sua Palavra como um presente e um alerta para nós, pois, muitas vezes, agimos semelhantemente a esse povo. Queremos ver as mãos do Senhor e receber Seus milagres, mas quando chega a nossa vez de sermos fiéis a Ele, assumindo uma posição diante das situações com fé e confiança em quem Ele é, somos incrédulos. Pensamos em largar tudo, trancarmos nosso curso na universidade e voltarmos a uma zona de conforto na qual, mesmo que escravizados, estaremos acomodados à rotina medíocre de viver sem a presença de Deus por meio da fé.

A frutificação leva tempo; e como a fidelidade é fruto do Espírito, o segredo é continuar regando-a em fé. Acredite que a liberdade de frutificar com Jesus é melhor do que a escravidão de uma vida que, apesar de confortável para nós, não produz fruto algum. É melhor estar no deserto com o Senhor do que estar em um lugar sossegado sem Ele. Produzir o fruto do Espírito é algo que acontece de dentro para fora quando se permanece na pessoa de Jesus.

Fé pra quê?

A palavra *fé* tem origem no grego πίστις (*pistis*), que significa "convicção da verdade, ideia de confiança e santo fervor nascido da fé e unido a ela, crença, fé, fidelidade", e no latim *fides*, que remete a uma atitude de fidelidade, lealdade. Sendo assim, para desenvolver raízes profundas de fidelidade em nosso coração, precisamos entender a relação dela direta com a fé. Se não crermos que o Senhor é o Deus que estará presente conosco todos os dias com o "maná" diário, não haverá sentido na vida de fé, pois as dúvidas tomarão conta e a ansiedade ditará os próximos passos. A fé é necessária para nos relacionarmos com Deus e recebermos dele toda a provisão para prosseguirmos nessa jornada com fidelidade. O Senhor já nos deu inúmeras provas de Sua fidelidade, Ele é o Deus presente que está conosco. Ele é aquele a quem podemos pedir ajuda em todo tempo, o amigo para quem podemos contar todos os segredos, porque é confiável.

Não tentemos apenas nos desfazer dos frutos podres que temos gerado, sejam eles a falta de confiança em Deus ou a falta de fidelidade para com Deus e as pessoas; temos que ir direto à raiz do problema! Se duvidamos, não somente do que Deus pode fazer, mas de quem Ele é, precisamos nos arrepender. O arrependimento nos traz cura e nos habilita a caminhar rumo ao que Ele tem nos chamado. É assim que produziremos frutos duradouros para glória de Deus!

QUESTÕES PARA DEBATE

1. Você consegue enxergar, em seus dias, as provisões diárias de Deus, ou sempre duvida do agir dele? Por quê?
2. Nos dias mais difíceis da jornada universitária, você consegue se manter fiel às pessoas e a Deus?
3. Observe suas raízes e identifique quais são os aspectos que o atrapalham a crescer em fé e fidelidade.

ORAÇÃO

Pai, agradecemos-te por estares aqui, por não desistires de nós e por nos enviares Jesus para nos salvar. Ensina-nos a termos mais fé e a sermos mais fiéis, pois queremos ser mais parecidos contigo. Ensina-nos com a história da libertação do povo de Israel, a fim de que permaneçamos fiéis a ti mesmo em meio ao deserto. Ajuda-nos a crer que, todos os dias, o Senhor proverá tudo aquilo de que precisamos. Cura as nossas raízes para que frutifiquemos conforme o Teu Espírito. Em nome de Jesus. Amém!

SAMARA LEAL
Fisioterapia — *Pockets* UESB

ANOTAÇÕES

DONS ESPIRITUAIS

SEMANA 26

ONDE ENCONTRAR NA BÍBLIA?

ROMANOS 12:6-8
Deus, em sua graça, nos concedeu diferentes dons. Portanto, se você tiver a capacidade de profetizar, faça-o de acordo com a proporção de fé que recebeu. Se tiver o dom de servir, sirva com dedicação. Se for mestre, ensine bem. Se seu dom consistir em encorajar pessoas, encoraje-as. Se for o dom de contribuir, dê com generosidade. Se for o de exercer liderança, lidere de forma responsável. E, se for o de demonstrar misericórdia, pratique-o com alegria.

1 CORÍNTIOS 12:7
A cada um de nós é concedida a manifestação do Espírito para o benefício de todos...

1 CORÍNTIOS 14:12
O mesmo se aplica a vocês. Uma vez que estão ansiosos para ter os dons espirituais, busquem os dons que fortalecerão a igreja toda.

Você já se perguntou, como cristão, qual é o seu propósito? Tenho certeza de que sim. E se eu lhe falar que o seu propósito está diretamente ligado aos dons espirituais que Deus concede aos Seus filhos, isso o confortaria? Talvez o seu questionamento até seja: "No que eu sou bom? Quais são os meus dons?".

Por meio deste breve devocional, desejo mostrar a você o quanto Deus é generoso ao nos criar com talentos específicos e, também, nos conceder dons espirituais. Sim, creia em seu coração, você possui dons espirituais, somente precisa descobrir quais são eles.

FALANDO SOBRE O ASSUNTO

A Bíblia nos instrui sobre os diversos dons espirituais que Deus concede a Sua Igreja. O apóstolo Paulo afirma: "Ora, vocês são o corpo de Cristo, e cada um de vocês, individualmente, é membro desse corpo" (1 CORÍNTIOS 12:27 NVI), ou seja, o Reino de Deus é como um corpo, onde cada membro possui uma função, sendo colocado ali para executá-la de maneira singular. Logo, cada filho de Deus é uma parte desse corpo, sendo Cristo "a cabeça do corpo, que é a igreja..." (COLOSSENSES 1:18). Cada pessoa nasce com talentos naturais, mas os dons espirituais ela recebe de Deus a fim de exercê-los na Igreja do Senhor. Veja: "A um o Espírito dá a capacidade de oferecer conselhos sábios, a outro o mesmo Espírito dá uma mensagem de conhecimento especial. A um o mesmo Espírito dá grande fé, a outro o único Espírito concede o dom de cura. A um ele dá o poder de realizar milagres, a outro, a capacidade de profetizar. A outro ele dá a capacidade de discernir se uma mensagem é do Espírito de Deus ou de outro espírito. A outro, ainda, dá a capacidade de falar em diferentes línguas, enquanto a um outro dá a capacidade de interpretar o que está sendo dito" (1 CORÍNTIOS 12:8-10). A Bíblia reforça que esses diversos dons são manifestação do Espírito Santo é que Deus os concede de forma única e especial aos Seus filhos. Um dom não exclui nem se sobrepõe ao outro, todos são importantes. Contudo, Paulo esclarece que o dom supremo é o amor (leia 1 CORÍNTIOS 13), pois sem amor de nada adianta fluir nos dons. Dito isto, enfatizo aqui a importância de você usar seus dons espirituais para glorificar o Senhor.

Deus, conforme a Sua vontade, colocou cada um dos Seus filhos em um lugar específico no Corpo de Cristo (1 CORÍNTIOS 12:18) e lhes concedeu dons. Então, cabe a você analisar a sua vida para saber qual dom você recebeu do Senhor. Porém, antes disso, responda: Você tem amado as pessoas ao seu redor? Tem amado os aflitos? Tem amado os necessitados e os perdidos? Pois se não tiver amor — o maior dom — estará usando suas capacidades apenas para si mesmo, negligenciando, assim, o propósito dos dons espirituais que é o de edificar a Igreja do Senhor e alcançar mais almas para Cristo. Tenha em mente: tudo começa com amar a Deus e, subsequentemente, amar o próximo, pois ao desenvolvermos o dom do amor, cresceremos em misericórdia e compaixão para exercer os demais dons espirituais.

Algumas linhas doutrinárias entendem os dons de maneiras diferentes, mas, acima das divergências, devemos entender que Deus deixa claro em Sua Palavra que os dons espirituais visam a unidade da igreja e não a divisão dela. "Ora, assim como o corpo é uma unidade, embora tenha muitos membros, e todos os membros, mesmo sendo muitos, formam um só corpo, assim também com respeito a Cristo. Pois em um só corpo todos nós fomos batizados em um único Espírito: quer judeus, quer gregos, quer escravos, quer livres. E a todos nós foi dado beber de um único Espírito. O corpo não é feito de um só membro, mas de muitos" (1 CORÍNTIOS 12:12-14 NVI).

Os dons espirituais são diversos, mas se complementam e contribuem com a expansão do evangelho ao serem unidos na Igreja. Em virtude disso, é fundamental compreender que você tem uma função específica no Corpo de Cristo, e isso faz parte do plano de Deus para sua vida. Comece a desenvolver seus dons. Observe no que você tem mais habilidade e compare ao que está escrito em 1 Coríntios 12. Então, com fé e submissão, peça ajuda do Espírito Santo para lhe mostrar o seu lugar na Igreja de Cristo e exerça o seu dom em amor.

QUESTÕES PARA DEBATE

1. Qual lugar você ocupa no Corpo de Cristo? Conhece os seus dons espirituais? Tem usado seus talentos e dons para glorificar a Deus? Compartilhe a respeito.
2. Os seus dons têm edificado a Igreja do Senhor e contribuído para que outras pessoas conheçam a Cristo? De que forma?
3. De que maneira sua vida reflete que você possui o Dom dos dons: o amor?

ORAÇÃO

Senhor Jesus, entendo que fui criado por ti e que me concedes dons espirituais para eu glorificar o Teu nome e expandir o Teu reino. Por isso, peço-te que me ajudes a desenvolver cada dom que recebi de ti em amor e a usá-lo para cumprir o propósito que Tu colocaste em minha vida. Agradeço-te por Tua imensa generosidade em abençoar os Teus filhos com dons especiais e divinos. Em nome de Jesus. Amém!

FERNANDA SOUSA DE FIGUEIREDO
Direito — Faculdade Santa Teresa

SEMANA 27

PALAVRA DE SABEDORIA

Ao longo da Bíblia, tanto no Antigo Testamento quanto no Novo Testamento, é possível perceber o dom de palavra de sabedoria fluir por meio dos profetas e grandes homens e mulheres de Deus. Conhecer e entender esse dom espiritual permite ao cristão, na universidade ou fora dela, viver o sobrenatural de Deus por meio do Espírito Santo, e assim cumprir um propósito ou um plano do coração do Senhor. É uma oportunidade e um privilégio para o cristão ser resposta de Deus para situações específicas na universidade, manifestando a glória e o poder dele "em ação para salvar todos os que creem..." (ROMANOS 1:16).

ONDE ENCONTRAR NA BÍBLIA?

2 REIS 6:9-10

De imediato, o homem de Deus advertia o rei de Israel: "Não se aproxime de tal lugar, pois os sírios planejam posicionar suas tropas ali". E o rei de Israel mandava um aviso para o lugar indicado pelo homem de Deus. Várias vezes ele advertiu o rei de que ficasse alerta naqueles lugares.

1 CORÍNTIOS 12:7-8 NAA

A manifestação do Espírito é concedida a cada um visando um fim proveitoso. Porque a um é dada, mediante o Espírito, a palavra da sabedoria; a outro, segundo o mesmo Espírito, a palavra de conhecimento.

1 CORÍNTIOS 14:3

Mas aquele que profetiza fortalece, anima e conforta os outros.

FALANDO SOBRE O ASSUNTO

A palavra de sabedoria é uma manifestação do Espírito Santo e consiste em uma revelação da parte do Senhor seguida de alguma orientação. Observe que essa revelação não é o conhecimento adquirido por se conhecer a Deus e estudar a Sua Palavra e, assim, conseguir aconselhar alguém.

Conhecimento especial

A palavra de sabedoria é uma revelação específica proveniente do Senhor, é um "conhecimento especial" sobre alguém ou situação específica. Deus revela algo ímpar, para que a pessoa, ao ser direcionada pelo Espírito Santo, aja de forma singular, geralmente por meio de um posicionamento que influenciará o futuro. Mesmo que haja uma revelação sobre o passado e presente, geralmente a palavra de sabedoria está relacionada ao futuro. A questão é que, independentemente do tempo, Deus revela algo quanto a decisões com consequências futuras. O dom de palavra de sabedoria comumente é acompanhada do dom de palavra de conhecimento, podendo agir em conjunto, assim como na experiência de profetas no Antigo Testamento.

Respostas específicas

É importante entender que a palavra de sabedoria, como um dom espiritual, é uma capacitação dada pelo Espírito Santo e, portanto, Ele escolhe a quem concedê-lo. Logo, provavelmente, nem todos na igreja têm esse dom. Porém, para aqueles que já perceberam que fluem nele, é importante lembrar que todo dom espiritual visa "um fim proveitoso" (1 CORÍNTIOS 12:7 NAA). Assim, Deus usará o cristão, com esse dom, para fortalecer, animar e confortar os outros (1 CORÍNTIOS 14:3), a fim de manifestar a resposta do Senhor à vida de alguém ou a alguma situação. Assim, indicará a ela uma forma específica de agir e revelará, de forma ímpar, uma necessidade que somente Deus pode suprir. Encontramos um exemplo bíblico disso quando Deus usou Eliseu na batalha de Israel contra a Síria. A revelação das armadilhas e ciladas do rei Sírio contra Israel foi seguida de conselho: "Não se aproxime de tal lugar, pois os sírios planejam posicionar suas tropas ali" (2 REIS 6:9).

Deus revelou as ciladas do exército sírio e direcionou Israel para não posicionar as tropas em certos lugares. A decisão israelita de obedecer ou não o conselho do profeta acarretaria consequências futuras: ganhar ou perder a batalha. Entender o dom de palavra de sabedoria é entender que Deus revela fatos para que o Seu povo vença batalhas espirituais em momentos decisivos, assim como na batalha contra o pecado e contra aquele que busca disseminá-lo como estilo de vida. Da mesma forma que Israel era o povo escolhido para representar o Senhor, na antiguidade, nós, como Igreja do Senhor hoje, somos chamados a representá-lo aqui na Terra e lutar em Seu nome.

Propósitos do coração de Deus

Deus permite aos Seus filhos manifestar uma fração de Seu conhecimento para que planos e propósitos do coração dele sejam cumpridos. Dessa forma, enquanto cristãos, nos é permitido o privilégio de servir o Senhor e o Seu reino exercendo a função de embaixadores do Céu aqui na Terra, além de portarmos a resposta do Senhor para esse tempo. Já pensou que maravilhoso seria se pudéssemos ser usados por Deus para manifestar a resposta do Senhor aos diversos questionamentos na universidade, ou já pensou se Ele nos usasse para suprir uma necessidade espiritual, emocional e até física de algum amigo ou professor do nosso curso?

O motivo do Senhor conceder dons aos Seus filhos é para que a Sua glória e força sejam manifestas em qualquer lugar por onde eles transitem, testemunhando aos outros sobre o evangelho de Jesus Cristo, que é eficaz em salvar.

QUESTÕES PARA DEBATE

1. Deus já revelou algo a você para que agisse de forma específica? Como foi isso?
2. O que mais chama sua atenção quanto ao dom de palavra de sabedoria?
3. Como você entende ser portador de uma resposta específica de Deus na universidade? Você crê que Deus pode usar a sua vida para libertar colegas de curso da escravidão do pecado?

ORAÇÃO

*Senhor, agradeço-te pela Tua poderosa mão estar sobre nós,
Teus filhos, capacitando-nos a agir em Teu nome e assim levarmos
Teu amor e cuidado aos perdidos que longe de ti caminham.
Agradeço-te, Pai, porque tens prazer em conceder dons aos Teus filhos.
Tu tens nos usado em momentos específicos, e de forma ímpar,
para que a Tua Palavra seja pregada e testemunhada com poder. Usa-nos
poderosamente em Teus propósitos. Em nome de Jesus. Amém!*

ANA LUIZA DE FARIA
Dança — FAP Unespar / Teologia — FABAPAR

ANOTAÇÕES

SEMANA 28 — DEUS É FOFOQUEIRO?

Cresci em uma igreja pentecostal. Durante toda minha infância e adolescência jamais estranhei alguém manifestar os dons espirituais no período de cultos e reuniões. Sempre ouvi frases como: "Estou sentindo de Deus que...", "Deus me disse que há alguém aqui com tal enfermidade". Por mais que tudo isso fosse comum para mim, eu não entendia como era possível Deus revelar Sua vontade para alguém de forma tão específica. Por esse motivo, meu interesse foi despertado para buscar entender mais sobre os dons espirituais, mais especificamente sobre o dom de palavra de conhecimento.

ONDE ENCONTRAR NA BÍBLIA?

JOÃO 1:47-49

Jesus viu Natanael se aproximar e disse: "Aí está um verdadeiro filho de Israel, um homem totalmente íntegro". "Como o senhor sabe a meu respeito?", perguntou Natanael. Jesus respondeu: "Vi você sob a figueira antes que Filipe o chamasse". Então Natanael exclamou: "Rabi, o senhor é o Filho de Deus, o Rei de Israel!".

JOÃO 4:16-19

"Vá buscar seu marido", disse Jesus. "Não tenho marido", respondeu a mulher. Jesus disse: "É verdade. Você não tem marido, pois teve cinco maridos e não é casada com o homem com quem vive agora. Certamente você disse a verdade". "O senhor deve ser profeta", disse a mulher.

FALANDO SOBRE O ASSUNTO

Partindo de uma perspectiva teológica carismática, crendo na continuidade dos dons do Espírito para os dias de hoje, creio que o dom de palavra de conhecimento mencionado em 1 Coríntios 12:8 é um dom de revelação. Diferentemente do dom de palavra de sabedoria, o qual creio ser uma revelação seguida de conselho, a palavra de conhecimento, de forma geral, diz respeito a algo que já aconteceu ou está acontecendo. E podemos ver vários exemplos disso na Palavra de Deus.

Quando olho para a vida de Jesus, o vejo manifestando muitas vezes esse dom, mas abordarei somente dois episódios aqui. Em João 1:45-50, Filipe conta a Natanael que havia encontrado o Messias, porém Natanael duvidou dele. Jesus viu Natanael e declarou: "Aí está um verdadeiro filho de Israel, um homem totalmente íntegro" (v.47) como se o conhecesse. Natanael ficou surpreso com a fala de Jesus e perguntou: "Como o senhor sabe a meu respeito?" (v.48) e Jesus respondeu: "Vi você sob a figueira antes que Filipe o chamasse" (v.48). Como assim Jesus "viu" Natanael sob a figueira? Creio que foi uma palavra de conhecimento; uma revelação. Por meio dela, Natanael reconheceu que Cristo era Filho de Deus.

Em João 4:1-42, Jesus pediu água a uma mulher samaritana (v.7), a qual ficou surpresa por conta da inimizade que existia entre judeus e samaritanos (v.9). Por mais que estivesse com sede, a intenção de Jesus era conceder água viva à mulher (v.10). Então, Jesus pediu: "Vá buscar seu marido" (v.16), mas ela respondeu: "Não tenho marido" (v.17). Jesus disse: "É verdade. Você não tem marido, pois teve cinco maridos e não é casada com o homem com quem vive agora. Certamente você disse a verdade" (v.17). Isso foi mais uma palavra de conhecimento que propiciou um diálogo maior entre eles, e isso levou a mulher samaritana a reconhecer que Cristo era o Messias, o Filho de Deus.

Cristo assumiu a forma humana e viveu como um de nós, passando pelas mesmas provações que passamos. Isso significa que somos iguais a Cristo? De forma alguma! Porém, Ele nos mostra por meio da Palavra que, se crermos nele, poderemos realizar obras como as que Ele realizou. Em resposta ao pedido de Filipe: "Senhor, mostre-nos o Pai, e ficaremos satisfeitos" (JOÃO 14:8), Jesus disse: "Você não crê que eu estou no Pai e o Pai está em mim? As palavras que eu digo não são minhas, mas de meu Pai, que permanece em mim e realiza suas obras por meu intermédio. Apenas creiam que eu estou no Pai e que o Pai está em mim. Ou creiam pelo menos por causa das obras que vocês me viram realizar. 'Eu lhes digo a verdade: quem crê em mim fará as mesmas obras que tenho realizado, e até maiores, pois eu vou para o Pai. Vocês podem pedir qualquer coisa em meu nome, e eu o farei, para que o Filho glorifique o Pai. Sim, peçam qualquer coisa em meu nome, e eu o farei!'" (vv.10-14).

Respondendo à pergunta que intitula este devocional: não, Deus não é fofoqueiro. O desejo do Senhor é que sejamos Seus parceiros aqui na Terra para continuar a Sua obra, então, quando Ele fala algo ao Seu povo, existe algo maior, por trás, do que simplesmente informação: a revelação. Por isso, compreendemos que o propósito da palavra de conhecimento é revelar algo sobre uma pessoa que a leve a crer que Cristo é o Filho de Deus. Se o propósito fosse somente informar algo sobre alguém, aí sim poderíamos até considerar como "fofoca", porém Deus ama compartilhar Seus segredos aos Seus filhos para que vão por todos os lugares, até mesmo aos confins da Terra, pregando o evangelho a fim de que pessoas sejam salvas por Ele.

QUESTÕES PARA DEBATE

1. Você tem buscado estar sensível à voz do Senhor para que Ele revele Seus segredos a você?
2. Você conhece seus dons espirituais e têm os manifestados por onde transita? Se não, por quê?
3. Na universidade, já olhou para alguém e perguntou: "Senhor, quais são Seus pensamentos a respeito dessa pessoa?". Se sim, como foi?

ORAÇÃO

Pai, oro para que estejamos tão perto de ti que possamos ouvir o pulsar do Teu coração. Peço-te que encontres em nós um lugar seguro para que Tu compartilhes os Teus segredos. Que saibamos sempre que aquilo que o Senhor nos transmite pode transformar a vida de alguém. Que tenhamos ousadia para te buscar intensamente e para pregar o evangelho de Cristo! Em nome de Jesus. Amém!

JOÃO RECH
Psicologia — *Dunamis Pockets* PUCPR

VIVER PELA FÉ!

SEMANA 29

ONDE ENCONTRAR NA BÍBLIA?

1 CORÍNTIOS 12:9
A um o mesmo Espírito dá grande fé...

MATEUS 17:20
"Porque a sua fé é muito pequena", respondeu Jesus. "Eu lhes digo a verdade: se tivessem fé, ainda que do tamanho de uma semente de mostarda, poderiam dizer a este monte: 'Mova-se daqui para lá', e ele se moveria. Nada seria impossível para vocês".

ROMANOS 1:17
As boas-novas revelam como Deus nos declara justos diante dele, o que, do começo ao fim, é algo que se dá pela fé. Como dizem as Escrituras: "O justo viverá pela fé".

O dia a dia do universitário é repleto de desafios. Ele precisa administrar o tempo em meio às demandas do curso (aulas, leituras, avaliações etc.), da família e do trabalho. Muitos têm que lidar com a falta de dinheiro e as contas a pagar, fazendo verdadeiros malabarismos financeiros para seguir em frente. Em alguns casos, soma-se a isso um problema de saúde que traz ainda mais dificuldades e despesas. Tudo isso pode levar o universitário ao esgotamento de suas forças e fazê-lo desistir da caminhada acadêmica.

Diante disso, como enfrentar esses e outros obstáculos com os quais o estudante universitário pode se deparar? A Bíblia nos fala a respeito da fé a fim de superarmos as adversidades no dia a dia.

FALANDO SOBRE O ASSUNTO

Para muitos, a fé é um pensamento positivo, como "tudo dará certo", que deve ser repetido, em meio às adversidades, até que a realidade mude. Porém, a fé bíblica diz respeito à confiança que se deve ter no Deus Triúno (Deus Pai, Deus Filho e Deus Espírito Santo).

A fé salvadora e o dom da fé

Os que confiam em Jesus Cristo para receber o perdão de seus pecados e, consequentemente, a vida eterna, apresentam a fé que podemos chamar de "fé salvadora". Estes não confiam nos próprios méritos para alcançar a salvação, mas creem na obra redentora realizada por Cristo, na cruz do calvário, em favor deles. Todo aquele que deseja se reconciliar com Deus necessita ter esta fé. Todavia, Paulo apresenta a fé como um dom do Espírito Santo (1 CORÍNTIOS 12:9). Isso diz respeito a uma "grande fé", à certeza inabalável de que Deus realizará milagres, apesar de toda situação adversa. Trata-se da fé que remove montanhas, que crê no impossível (MATEUS 17:20). Enquanto a fé salvadora abrange a todos os que confiam em Cristo para a salvação, o "dom da fé" é concedido apenas a alguns discípulos de Jesus, conforme a vontade do Espírito Santo (1 CORÍNTIOS 12:11).

A fé deve estar baseada na Palavra de Deus.

Hebreus, no capítulo 11, apresenta "grandes exemplos de fé". Homens e mulheres que, com fé em Deus, enfrentaram os desafios da vida e as circunstâncias mais adversas possíveis. É preciso entender que a base da fé deles não era algo subjetivo. Eles não confiaram em si mesmos, ou na força de seus pensamentos; eles, de maneira objetiva, confiaram de maneira plena em Deus e Sua Palavra. Noé, por exemplo, "construiu uma grande embarcação para salvar sua família do dilúvio. Ele obedeceu a Deus, que o advertiu a respeito de coisas que nunca haviam acontecido. Pela fé, condenou o resto do mundo e recebeu a justiça que vem por meio da fé" (HEBREUS 11:7). Do mesmo modo, Paulo não temeu quando estava a bordo de um navio prestes a naufragar. Ele confiou em Deus e em Sua palavra comunicada por um anjo: "Não tenha medo, Paulo! É preciso que você compareça diante de César. E Deus, em sua bondade, concedeu proteção a todos que navegam com você" (ATOS 27:24). Nossa fé deve estar ancorada na Palavra de Deus.

Devemos viver pela fé!

Fomos criados por Deus para nos relacionarmos com Ele, mas fomos afastados por causa do nosso pecado (ROMANOS 3:23). Porém, Deus enviou o Seu Filho Jesus para que, por meio dele, o nosso relacionamento com Ele fosse restaurado e recebêssemos a vida eterna. É a fé salvadora que nos possibilita usufruir desse privilégio, ou seja: crer somente em Cristo para o perdão de pecados e salvação. Creio que é por isso que a Bíblia afirma: "O justo viverá pela fé" (ROMANOS 1:17). Uma vez salvos, por intermédio de Cristo, precisamos caminhar com fé em Deus para vencermos os desafios diários. De fato, o Espírito Santo concede uma "grande fé" (1 CORÍNTIOS 12:9) a alguns discípulos de Jesus, e estes são capazes de louvar a Deus por algo que ainda não aconteceu, como se já tivesse ocorrido. Porém, mesmo aqueles que não receberam tal dom, mas foram salvos por Cristo, são chamados a viver pela fé e a confiar no poder e na misericórdia de Deus mesmo em meio às adversidades.

Logo, diante dos obstáculos que surgirem durante sua caminhada acadêmica, em vez de desistir, deposite sua fé em Deus e viva baseado em Sua Palavra, pois ela nos lembra que Ele é "o Deus Todo-poderoso" (GÊNESIS 17:1) e que para Ele "nada é impossível..." (LUCAS 1:37).

QUESTÕES PARA DEBATE

1. Quais são as adversidades que você tem enfrentado na sua vida e na universidade?
2. Você confia somente em Cristo para ter a vida eterna? Por quê?
3. De que maneira a Palavra de Deus pode ajudar você a viver pela fé?

ORAÇÃO

Querido Deus, declaro que confio somente em Jesus Cristo para a minha salvação. Agradeço-te pelo sacrifício do Teu Filho, Jesus, na cruz do Calvário por mim. Peço-te que aumentes a minha fé a cada dia. Diante dos desafios que eu tiver de enfrentar, que a minha confiança esteja somente em ti, o único que trará a solução às minhas dificuldades. Em nome de Jesus. Amém!

CLEVERSON RODRIGUES
Matemática — UFMT / Teologia — STBSB/FABAT

ANOTAÇÕES

O MUNDO PRECISA DE CURA

SEMANA 30

ONDE ENCONTRAR NA BÍBLIA?

MATEUS 15:30
Uma grande multidão veio e colocou diante dele aleijados, cegos, paralíticos, mudos e muitos outros, e ele curou a todos.

LUCAS 9:6
Então começaram a percorrer os povoados, anunciando as boas-novas e curando os enfermos.

1 CORÍNTIOS 12:9
A um o mesmo Espírito dá grande fé, a outro o único Espírito concede o dom de cura.

O gênero *apocalipse zumbi* tem sido explorado em livros, séries e filmes, trazendo um cenário apocalíptico hipotético onde uma enfermidade, provocada por um vírus ou fungo, se espalha de maneira incontrolável pela humanidade, acarretando o fim do mundo como era conhecido. Diante disso, os poucos sobreviventes passam a buscar desesperadamente por uma cura que possa lhes devolver a vida que lhes fora tomada de assalto.

O interessante é que essas produções, que visam o entretenimento, podem ser excelentes metáforas da sociedade em que vivemos, que precisa da cura para suas enfermidades. Diante dessa realidade, a grande notícia é que a Palavra de Deus revela a cura que precisamos e que pode ser alcançada, pela fé em Cristo, agora!

FALANDO SOBRE O ASSUNTO

Inegavelmente, o ministério terreno de Cristo também foi marcado, a partir dos relatos nos evangelhos, pela cura dos enfermos. Em diversas ocasiões vemos o Salvador se compadecendo das multidões que o seguiam: Ele curava pessoas cegas, surdas, leprosas ou paralíticas, além de muitas doenças com as quais se deparava. Seu ministério terreno, embora curto do ponto de vista cronológico, foi magnificamente produtivo, pois Ele não apenas curou, mas ensinou Seus discípulos mais próximos a fazerem o mesmo pelos necessitados. Anos após a ressurreição de Jesus e Sua ascensão aos Céus, o apóstolo Paulo ensina sobre o dom de cura, como uma das manifestações da presença do Espírito Santo na Igreja de Cristo.

A cura dos enfermos reforça o caráter messiânico de Cristo

Mas ele foi ferido por causa de nossa rebeldia e esmagado por causa de nossos pecados. Sofreu o castigo para que fôssemos restaurados e recebeu açoites para que fôssemos curados. (ISAÍAS 53:5)

Existe muito debate teológico com relação ao capítulo 53 do livro de Isaías que convencionamos chamar de *Cântico do Servo sofredor*, mas este não é o objetivo do nosso estudo de hoje. Por isso, atentemo-nos para o seguinte: alguém seria enviado por Deus para sofrer em nosso lugar e nos oferecer salvação e perdão pelos nossos pecados. Este sacrifício supremo nos concederia diversos benefícios, entre eles, a cura para todas as nossas enfermidades. Podemos compreender essas doenças como a manifestação física de nossas fraquezas e limitações humanas. Não somos tão fortes como gostaríamos e não temos o controle que achamos que temos sobre a maioria das circunstâncias de nossa vida. Jesus Cristo veio à Terra e cumpriu tudo o que foi exposto pelo profeta Isaías, sete séculos antes do Senhor iniciar o Seu ministério.

A cura dos enfermos comprova a chegada do Reino de Deus

Curem os enfermos e digam-lhes: "Agora o reino de Deus chegou até vocês". (LUCAS 10:9)

Observe que diversos sinais passaram a seguir os discípulos de Cristo como prova da autoridade espiritual que possuíam, entre os quais está o dom de curar enfermidades. Ao longo da História da Igreja, há muitos relatos sobre curas e milagres ocorridos em períodos de avivamentos. Nosso presente necessita mais do que nunca dos sinais que acompanham aqueles que creem em Cristo, conforme mencionado em Marcos 16:17-18. Em uma sociedade cada vez mais secularizada e relativista, a pregação do evangelho de Cristo, precisa ser acompanhada pelos dons sobrenaturais do Espírito Santo, pois esse foi o ministério que Cristo inaugurou.

Orar por cura demonstra a compaixão de Jesus

Quando Jesus saiu do barco, viu a grande multidão, teve compaixão dela e curou os enfermos. (MATEUS 14:14)

É fundamental perceber que a motivação de Cristo para curar os enfermos era a profunda compaixão que Ele tinha pela multidão que o seguia. Seu exemplo deve ser a razão pela qual oramos em nossos cultos e programações pela cura das pessoas. Devemos orar por *todos* os enfermos, a tempo e fora de tempo, crendo pela fé na cura de qualquer enfermidade, não importando a gravidade ou as probabilidades contrárias. Orar pelos doentes significa que todos serão curados e de maneira instantânea? Não; entretanto, o mais importante é que *todos* aqueles que cruzarem o nosso caminho sintam-se *amados*, primeiramente por Deus e, na sequência, pela Igreja de Cristo na Terra, composta por servos de Jesus que continuam cumprindo o "ide", em sua integralidade, crendo nas palavras do Salvador: "O que é impossível para as pessoas é possível para Deus" (LUCAS 18:27).

QUESTÕES PARA DEBATE

1. O que o impede de orar pela cura dos enfermos a sua volta?
2. De que maneira você pode contribuir para que as pessoas enfermas se sintam amadas por Deus e pela igreja?
3. Como você pode se sentir mais confiante para orar por cura? Dica: releia nossa conversa sobre santidade (semana 04).

ORAÇÃO

Senhor Deus e Pai, concede-nos ousadia para orar pelos enfermos, com a mesma autoridade dos discípulos do primeiro século. Desperta em nós a mesma compaixão que Jesus tinha ao olhar a multidão sofrida e solitária. Abre os olhos do nosso coração, em meio aos compromissos cotidianos, para percebermos os que sofrem ao nosso redor e expressar o Teu amor e cuidado a eles. Dá-nos um coração igual ao do Mestre, Teu Filho, em nossa jornada diária. Em nome de Jesus. Amém!

EDUARDO MEDEIROS
Faculdade Teológica Betânia / Parábolas Geek — Pastor da IEQ

ANOTAÇÕES

VIVENCIANDO MILAGRES

SEMANA 31

ONDE ENCONTRAR NA BÍBLIA?

SALMO 77:11-12
Depois, porém, lembro-me de tudo que fizeste, SENHOR; recordo-me de tuas maravilhas do passado. Estão sempre em meus pensamentos; não deixo de refletir sobre teus poderosos feitos.

MATEUS 17:20
"Porque a sua fé é muito pequena", respondeu Jesus. "Eu lhes digo a verdade: se tivessem fé, ainda que do tamanho de uma semente de mostarda, poderiam dizer a este monte: 'Mova-se daqui para lá', e ele se moveria. Nada seria impossível para vocês".

Jesus, quando veio à Terra, realizou muitos milagres: curou enfermos, ressuscitou mortos, multiplicou alimentos e mudou a história de todos que se dispuseram a receber Sua salvação. Realmente, não há milagre maior do que ser redimido por Cristo e ser reconciliado com Deus.

Você já vivenciou esse milagre?

De fato, a salvação em Cristo é o grande milagre que podemos vivenciar ao entregarmos nossa vida a Ele. Mas você já parou para pensar em todos os pequenos milagres que Deus tem realizado ao longo de sua vida? O simples fato de acordar, as curas já vivenciadas, as conquistas diárias, o tão sonhado ingresso na universidade, além de muitas outras coisas, são milagres vivenciados dos quais, nem sempre, nos damos conta.

FALANDO SOBRE O ASSUNTO

Quando aprendemos a ver os pequenos milagres, podemos, então, exercitar nossa fé para vivenciar diariamente milagres maiores, tanto em nossa vida, quanto na vida daqueles que nos cercam.

Cinco pães e dois peixinhos

Certa ocasião, em que uma grande multidão (cerca de 5.000 homens, sem contar mulheres e crianças) precisava ser alimentada, um jovem que carregava seu lanchinho foi o instrumento para a realização do grande milagre da multiplicação. Ele se dispôs a entregar os cinco pães e os dois peixes que tinha nas mãos de Jesus, assim toda a multidão foi alimentada e ainda sobraram 12 cestos (JOÃO 6:1-13).

A partir do momento que nos dispomos a entregar aquilo que temos (nossos recursos, dons, talentos e habilidades), tornamo-nos parte do milagre que Jesus realiza. Com isso, todos saberão quem é o Senhor a quem servimos. A atitude daquele jovem, cujo nome nem foi citado, ficou registrada na história, pois ele deixou seu legado de entrega.

Montes podem ser movidos

No texto de Mateus 17:20, Jesus afirma que se a fé dos discípulos fosse do tamanho de uma semente de mostarda, eles poderiam dizer aos montes para se moverem, e isso aconteceria. Incrível, não? Pense que a semente de mostarda é bem pequena, tendo cerca de 2mm de diâmetro. Para mim, é impressionante segurá-la na mão e pensar que se minha fé for do tamanho dela, poderei dizer a um monte que vá daqui para lá, e ele irá. A nossa fé precisa ser exercitada diariamente com muita oração, leitura da Palavra de Deus, louvor e expressões de fé.

Obras ainda maiores

Certo dia, os discípulos estavam confusos com os ensinamentos que ouviam de Jesus, então o Senhor lhes disse: "Eu lhes digo a verdade: quem crê em mim fará as mesmas obras que tenho realizado, e até maiores, pois eu vou para o Pai" (JOÃO 14:12).

Já imaginou caminhar com Jesus todos os dias, ver de perto todos os milagres que Ele realizava, admirar-se com as maravilhas que fazia, aprender de Suas parábolas pessoalmente e um dia ouvi-lo dizer que aquele que nele cresse faria as mesmas obras, e ainda maiores? Jesus não disse isso para que Seus discípulos se sentissem superiores, pelo contrário. Ele os estava encorajando e ensinando que as obras realizadas por aqueles que creem glorificam a Deus, o Pai, e revelam ao mundo Sua majestade e poder.

Que privilégio temos hoje! Podemos orar por todos os que estão à nossa volta, inclusive pelos enfermos, e ver milagres acontecendo na vida deles. Que incrível é contemplar pessoas sendo alcançadas com a salvação que há em Cristo e o nome do Senhor sendo glorificado.

QUESTÕES PARA DEBATE

1. Tente listar tudo aquilo que o Senhor já fez na sua vida, todos os motivos pelos quais você é grato. Você vê milagres no que já vivenciou?
2. Você está disposto, assim como o jovem que entregou os pães e peixes, a entregar o seu melhor a Jesus?
3. Você entende a importância da oração? Por quem você pode orar hoje?

ORAÇÃO

Senhor, agradeço-te pela salvação e pelos milagres com que tens me presenteado dia a dia. Agradeço-te por Tuas maravilhas e sustento. Sei que eu nada seria sem ti. Ajuda-me a viver como Jesus viveu quando esteve entre nós. Desejo vivenciar milagres, testemunhar tudo o que o Senhor já fez em minha vida e ser instrumento em Tuas mãos para levar muitos ao Teu amor que cura e transforma. Torna minha fé inabalável e forte em ti, removendo de mim toda a incredulidade.
Em nome de Jesus. Amém!

REBECCA VERNIZZI
Pedagogia — Unicid / Teologia — Betesda

SEMANA 32
PALAVRAS DIVINAS

Vivemos em um mundo em que há muitas vozes nos sugerindo o que escolher, o que fazer e, até mesmo, o que ser. Na esfera da vida acadêmica, por conta de amizades, prazos de entrega e volumes de trabalhos, há muitas vozes como a do medo, da ansiedade ou da preocupação, que se tornam tão audíveis que chegam a confundir o raciocínio e a atrapalhar os estudos.

Como forma de exemplificar, lembro-me de um dia em que meu GPS errou o caminho e me conduziu para o lado contrário do qual precisava ir. Deus usou essa situação para me ensinar que se a voz que me guia estiver errada, eu certamente estarei no caminho errado. Assim, fui lembrado que a única voz infalível é a de Deus, logo, precisamos aprender a ouvi-la.

ONDE ENCONTRAR NA BÍBLIA?

ISAÍAS 30:20-21

Vocês verão seu mestre com os próprios olhos, e seus ouvidos o ouvirão. Uma voz atrás de vocês dirá: "Este é o caminho pelo qual devem andar", quer se voltem para a direita, quer para a esquerda.

1 CORÍNTIOS 14:1

Que o amor seja seu maior objetivo! Contudo, desejem também os dons espirituais, especialmente a capacidade de profetizar.

1 CORÍNTIOS 14:24-25

Mas, se todos vocês estiverem profetizando e descrentes ou pessoas que não entendem essas coisas entrarem na reunião, serão convencidos do pecado e julgados por aquilo que vocês disserem. Ao ouvirem, os pensamentos secretos deles serão revelados, e eles cairão de joelhos e adorarão a Deus, declarando: "De fato, Deus está aqui no meio de vocês".

FALANDO SOBRE O ASSUNTO

Ao pensarmos em "voz", não temos como ignorar de que ela é o principal instrumento pelo qual nós, seres humanos, nos comunicamos. É por meio dela que tornamos audíveis os sentimentos e os pensamentos que nos permeiam o coração e a mente tornando-os conhecidos às pessoas com quem convivemos. Como um atributo físico, ela é uma forma de canal por onde, mediante a fala, compartilhamos nossa vida.

Diante disso, entendemos que a abrangência da voz vai muito além da fala, já que implica em quem fala e qual mensagem comunica, pois palavras influenciam vidas. Sendo que voz e palavras compõem o nosso universo, algo para o qual devemos nos voltar, com seriedade, é para a voz de Deus e Sua Palavra.

No Antigo Testamento, uma das formas de Deus falar ao Seu povo era por meio de profetas. A palavra profeta tem, na sua origem, o significado de porta-voz, alguém que fala publicamente por outro. Nesse sentido, a profecia bíblica é uma mensagem enviada por Deus e transmitida pelo profeta. Vários profetas no Antigo Testamento profetizaram a respeito da vinda do Messias (ISAÍAS 9:1-7) e do Espírito Santo (JOEL 2:28-29). Quando olho para esses servos, a impressão que tenho é que eles eram homens que não viviam inteiramente na Terra, pois direcionavam seus ouvidos para o Céu e ouviam Deus lhes falar sobre o que ainda não conheciam completamente: a revelação de Jesus; contudo, em confiança, se submetiam a voz do Senhor.

No Novo Testamento, contemplamos a chegada da plenitude do tempo de Deus: Jesus, o Messias, nasce, aprega o ano aceitável do Senhor durante três anos, morre como sacrifício pelos nossos pecados, ressuscita e antes de ascender aos Céus diz aos discípulos "...dentro de poucos dias vocês serão batizados com o Espírito Santo" (ATOS 1:5). Poucos dias depois, quando essa profecia se cumpre e o Espírito é derramado sobre os discípulos (ATOS 2:1-4), conforme predito séculos antes, vemos a "inauguração" da Igreja de Cristo sobre a Terra. Ao percorrermos o Novo Testamento, a partir do livro de Atos, encontramos o mover do Espírito Santo e a Igreja do Senhor fluindo nos dons, pois estes foram concedidos para edificação dela.

Um desses dons é o de profecia e sua relevância se faz notar pelo que Paulo diz: "Que o amor seja seu maior objetivo! Contudo, desejem também os dons espirituais, especialmente a capacidade de profetizar" (1 CORÍNTIOS 14:1-5); e ainda indica a razão para isso: "... se todos vocês estiverem profetizando e descrentes ou pessoas que não entendem essas coisas entrarem na reunião, serão convencidos do pecado e julgados por aquilo que vocês disserem [...] eles cairão de joelhos e adorarão a Deus..." (1 CORÍNTIOS 14:24-25).

Note que a primeira coisa que devemos almejar é o amor e, na sequência, "a capacidade de profetizar" a fim de levar os incrédulos a reconhecerem seus pecados e adorarem a Deus. Obviamente, nem todo cristão terá esse dom espiritual, contudo podemos considerar que Deus nos faz "porta-vozes" da mensagem de salvação que há em Cristo.

Diante de tamanho privilégio, neste tempo em que tantas vozes nos atordoam, precisamos aprender a reconhecer a voz de Deus falando a nós, seja por meio do Seu Espírito ou da Sua Palavra escrita para podermos transmiti-la com autoridade. Que estas palavras proferidas por Jesus: "Rios de água viva brotarão do interior de quem crer em mim" (JOÃO 7:37) se cumpram em nossa vida, para que ao abrirmos a nossa boca flua "água viva" para vida de outras pessoas.

Por isso o Espírito Santo diz: "Hoje, se ouvirem sua voz, não endureçam o coração... (HEBREUS 3:7-8)

QUESTÕES PARA DEBATE

1. Quais vozes você identifica no mundo atual? Qual delas sente que exerce certa influência sobre a sua vida?

2. Quanto tempo você separa para conversar com Deus e ouvir a voz dele? Gostaria de passar mais tempo com Ele? O que você pode fazer para estabelecer isso a partir de hoje?

3. Diante do privilégio de sermos um tipo de porta-voz do Senhor, para quem você pode levar a mensagem de esperança dele hoje?

ORAÇÃO

Deus, oro para que manifestes a Tua presença e o Teu sobrenatural no meio da Tua Igreja. Abre os nossos ouvidos para que ouçamos a Tua voz, pois precisamos da Tua direção para caminhar. Não queremos ignorar Tuas palavras, ou sermos guiados por outras vozes. Fala conosco e que a cada dia cresçamos em intimidade contigo. Em nome de Jesus. Amém!

GABRIEL VERNIZZI
Música — FADYC

CUIDADO PARA NÃO SER ENGANADO!

SEMANA 33

ONDE ENCONTRAR NA BÍBLIA?

1 CORÍNTIOS 12:10
A um ele [o Espírito Santo] dá o poder de realizar milagres, a outro, a capacidade de profetizar. A outro ele dá a capacidade de discernir se uma mensagem é do Espírito de Deus ou de outro espírito...

ATOS 16:17-18
Ela seguia Paulo e a nós, gritando: "Estes homens são servos do Deus Altíssimo e vieram anunciar como vocês podem ser salvos!". Isso continuou por vários dias, até que Paulo, indignado, se voltou e disse ao espírito dentro da jovem: "Eu ordeno em nome de Jesus Cristo que saia dela". E, no mesmo instante, o espírito a deixou.

1 JOÃO 4:1
Amados, não acreditem em todo espírito, mas ponham-no à prova para ter a certeza de que o espírito vem de Deus, pois há muitos falsos profetas no mundo.

Na universidade, muitas vezes somos bombardeados por ideias, teorias e narrativas tão bem construídas e sutis que podem nos levar ao engano. Elas são apresentadas em aulas, palestras, vídeos e conversas cheias de conteúdos que vão contra as verdades do evangelho. Logo, como não ser confundido estando exposto a tudo isso?

Precisamos buscar uma ferramenta ofertada pelo Espírito Santo: o discernimento espiritual, capacidade de acessar revelação por meio do Espírito de Deus para distinguir a fonte de determinada ação ou palavra, seja de uma pessoa ou ambiente coletivo. Isso é muito importante, inclusive no evangelismo. Tal capacidade se dá pela busca e desenvolvimento do dom de discernir espíritos. Vejamos um pouco mais sobre isso.

FALANDO SOBRE O ASSUNTO

Tipos de influências

Toda palavra, ação ou comportamento de uma pessoa ou ambiente coletivo pode possuir pelo menos três fontes de influência possíveis: o Espírito de Deus, as emoções humanas ou um espírito demoníaco. Pode-se observar o dom de discernir espíritos manifesto pelo apóstolo Pedro quando ele identifica o "espírito de mentira" em Ananias e Safira e denuncia a intenção do coração desse casal (ATOS 5:1-11). Ou ainda em Atos 16:18, quando Paulo expulsa um espírito maligno de uma jovem que estava até falando uma verdade, mas estava sendo movida por uma fonte demoníaca que desejava, provavelmente, causar tumulto e atrapalhar a missão de Paulo e Silas. Pode-se mencionar ainda o próprio Cristo que, quando foi tentado, discerniu as mentiras de satanás (que inclusive utilizou textos bíblicos fora do contexto para enganar Jesus).

Discernindo espíritos na universidade

Na universidade, na maioria das vezes, não haverá manifestações demoníacas exteriores, mas haverá pessoas influenciadas por espíritos de engano (demônios) ou influenciadas por emoções humanas provenientes de corações enganosos a fim de propagar ideias que aparentam ser boas — sofismas, enganos bem construídos "com cara" de verdade. Algumas dessas ideias tem aparência de piedade, como defendendo causas legítimas, mas na essência vão contra as verdades do evangelho; ou ainda trazem convites aparentemente inofensivos, mas visando conduzir o universitário a um caminho de pecado e, consequentemente, de morte. É preciso estar atento e buscar em Deus o dom de discernir espíritos para que, guiado pelo Espírito Santo, você não seja seduzido ou enganado (1 JOÃO 4:1).

Buscando o dom de discernir espíritos

Na primeira carta de Paulo aos coríntios, o capítulo 12 fala sobre o dom de discernir espíritos na lista de dons espirituais disponíveis aos crentes em Jesus, que são distribuídos pelo Espírito Santo (v.4). Quem concede o dom é o Espírito Santo, mas no versículo 31 observa-se que existe uma contrapartida nossa, precisamos desejar intensamente, procurar com zelo, buscar com dedicação "os dons mais úteis"; logo, devemos buscar o dom de discernir espíritos. Como? Pela oração e pela leitura da Palavra de Deus, pois isso desenvolverá em nós intimidade com o Espírito Santo e o conhecimento da verdade. Somente dessa forma poderemos desenvolver o dom de discernir espíritos e assim discernir a fonte que está influenciando palavras, ações e comportamentos de pessoas com as quais interagimos no dia a dia, seja na universidade, seja em qualquer lugar em que estivermos.

QUESTÕES PARA DEBATE

1. Quais vozes você identifica no mundo atual? Qual delas sente que exerce certa influência sobre a sua vida?
2. Quanto tempo você separa para conversar com Deus e ouvir a voz dele? Gostaria de passar mais tempo com Ele? O que você pode fazer para estabelecer isso a partir de hoje?
3. Diante do privilégio de sermos um tipo de porta-voz do Senhor, para quem você pode levar a mensagem de esperança dele hoje?

ORAÇÃO

Pai, sabemos que Tu és verdadeiro e que a Tua Palavra é a verdade. Não nos deixes cair em enganos, ajuda-nos a buscar em ti o dom de discernir espíritos. Que a Tua Palavra ilumine nosso caminhar e que o Teu Espírito Santo nos guie a fim de que possamos discernir a fonte que influencia palavras, ações e comportamentos de pessoas com as quais interagimos em nosso dia a dia. Que não sejamos enganados ou seduzidos. Em nome de Jesus. Amém!

MATHEUS AUGUSTO
Engenharia Elétrica — UFPR

SEMANA 34

INTIMIDADE NAS PALAVRAS

Se você pode usar palavras — faladas, escritas ou sinalizadas — para se expressar, certamente já tentou comunicar algum sentido, mas não encontrou uma palavra correspondente que representasse o seu significado completo. Contudo, mesmo diante de tal realidade, você fez uso de todo o seu vocabulário em língua portuguesa para tentar apresentar o significado daquilo que vivenciou.

Penso da mesma forma sobre o falar em línguas descrito na Bíblia; mas, como creio firmemente de que se trata de algo para fortalecimento pessoal (1 CORÍNTIOS 14:4), este se torna um tema ainda mais complexo. Refletiremos, esta semana, sobre o quanto essa passagem carrega de profundidade em intimidade e significado.

ONDE ENCONTRAR NA BÍBLIA?

JOÃO 1:1-4
No princípio, aquele que é a Palavra já existia. A Palavra estava com Deus, e a Palavra era Deus. Ele existia no princípio com Deus. Por meio dele Deus criou todas as coisas, e sem ele nada foi criado. Aquele que é a Palavra possuía a vida, e sua vida trouxe luz a todos.

1 CORÍNTIOS 12:7-10
A cada um de nós é concedida a manifestação do Espírito [...]. A um [...] dá a capacidade de falar em diferentes línguas...

1 CORÍNTIOS 14:4
Quem fala em línguas fortalece a si mesmo...

FALANDO SOBRE O ASSUNTO

Nosso intuito aqui não é resolver as diferenças teológicas sobre o falar em línguas. O foco aqui é explorar este tema conectando-o ao nosso tempo diário de oração.

Construção de significado

Como alguém apaixonada por palavras, gostaria de conversar com vocês sobre como elas se constroem. Em toda língua, certo significado será atribuído a uma palavra justamente por causa do que os indivíduos daquela cultura experimentaram. Um exemplo simples é a palavra *mão*: certamente você já tocou em algo ou alguém com suas mãos, já as feriu e viveu várias outras experiências com elas. Ao abrir um dicionário, encontra-se uma classificação do termo seguida de informações relacionadas à localização dessa parte do corpo, e, ainda, outras explicações conectadas a experiências de outros com esse conceito. Perceba que o encontro com uma palavra pode construir, mesmo que ela tenha significados anteriores, um sentido novo e particular para você. Dessa forma, você, falante de língua portuguesa, inventa palavras e conecta algumas àquelas que você já vivenciou um significado. Por esse e outros motivos técnicos, a definição de termos como *amor* ou *alegria* pode ser tão complexa.

Por essa razão, entendo que o dom espiritual voltado para variedade de línguas revela o seguinte: o Senhor deseja construir uma intimidade única conosco a ponto de existirem palavras que, talvez, confundam a nossa compreensão natural, mas a experiência proveniente delas não é confusa, e sim bem clara. Afinal, tais palavras nasceram do nosso momento de intimidade com o Pai. Logo, não é possível falar desse dom sem incluir a oração, pois é em conversa com o Pai que se aprende a falar a língua do Pai, de um modo que somente você, em seu interior, compreende.

Voltando a pensar em mãos; quantas vezes as usamos? Inúmeras, certamente, nos mais variados contextos. Reflita: Quão especial, diferente e repleto de significado é segurar a mão de quem se ama, ou colocar um anel no dia de seu casamento? Qual o significado do toque? Percebe que existe significado sendo construído ao redor de algo que aparentemente você já conhecia. Essa é a beleza sobrenatural da língua, por isso, a busca por esse dom, proveniente do Espírito, não deve ser almejado simplesmente por se querer falar línguas que não são do conhecimento de todos; pois a mesma Palavra que nos fala da existência dele, nos instruí também a como e quando manifestá-lo (1 CORÍNTIOS 14:1-19). O nosso anseio por ele deve estar conectado à oração e ao desejo profundo de conhecer a Cristo, a ponto de nos rendermos completamente a Ele em adoração e, mesmo sem entender as palavras, adorá-lo com tudo, pois como Paulo afirmou: "Quem fala em línguas fortalece a si mesmo..." (v.4).

Redenção das palavras

Cristo sendo a própria Palavra, não deveria ser um problema para nós crer que realmente pode haver uma forma muito única de comunicação diretamente com Ele. Entender que existe esse poder, que está além da nossa compreensão natural, pode mudar para sempre o modo como usamos toda e qualquer palavra no dia a dia. Por meio da Palavra tudo veio à existência, e essa Palavra é o próprio Cristo, o Filho do Deus vivo.

Se você tem feito bobagens com o uso de palavras, sido leviano quanto ao encontro pessoal com Cristo ou até tido orgulho de expressar uma língua, eu diria: pare com isso hoje. Lembre-se da maravilha e da responsabilidade de proferir palavras, do privilégio de se entrar nesse lugar de intimidade com o Pai onde todo um vocabulário é construído no relacionamento com Ele. Que seu alvo seja crescer em intimidade com Deus e as palavras expressadas nesse ambiente edifiquem sua vida dia após dia.

QUESTÕES PARA DEBATE

1. Conte sua experiência com as palavras. Qual seu conhecimento sobre falar diferentes línguas?
2. Você usufrui em oração da intimidade para qual o Pai o chama a ter com Ele? Se não, por quê?
3. Tem feito uso de maneira sábia de suas palavras? Como isso se demonstra?

ORAÇÃO

Pai, perdoa-nos por não compreendermos, de maneira plena, o quão profundo e significativo é fazer uso de palavras, sendo o Teu Filho a própria Palavra encarnada. Que possamos viver em conformidade com as palavras que o Senhor nos permitir proferir, com dignidade e intimidade contigo, em todas as ocasiões que pudermos compartilhar a Tua Palavra viva com os outros. Em nome de Jesus. Amém!

JÉSSICA PAVANELO
Letras Português/Inglês — UTFPR

ANOTAÇÕES

SEMANA 35

ENTENDENDO O QUE O PAI NOS REVELA

Peço que você imagine uma situação em que alguém lhe falou alguma coisa e, apesar de vocês falarem o mesmo idioma, com certeza não falavam a mesma língua, visto que você não entendeu o que outro quis dizer. A mensagem, então, não significou nada naquele momento. Lembro-me de situações em que perguntei algo ao professor e ele não me entendeu, somente quando um colega explicou o que eu quis dizer, ele pode compreender minha dúvida de fato. Analogicamente, podemos pensar em interpretação de línguas mais ou menos dessa maneira. Há uma mensagem que precisa ser passada, Deus quer comunicar algo à Sua Igreja, mas como se trata de uma língua estranha, nós não a compreendemos naturalmente. Do que precisamos, então? Da interpretação dessas línguas.

ONDE ENCONTRAR NA BÍBLIA?

1 CORÍNTIOS 12:9-10
...a outro o único Espírito [...] dá a capacidade de falar em diferentes línguas, enquanto a um outro dá a capacidade de interpretar o que está sendo dito.

1 CORÍNTIOS 14
Quem fala em línguas fortalece a si mesmo... (v.4).

...Se usarem palavras incompreensíveis, como alguém saberá o que estão dizendo? Será o mesmo que falar ao vento (v.9).

...Quando vocês se reunirem, um cantará, o outro ensinará, o outro revelará, um falará em línguas e outro interpretará o que for dito. Tudo que for feito, porém, deverá fortalecer a todos. Não mais que dois ou três devem falar em línguas. Devem se pronunciar um de cada vez, e alguém deve interpretar o que disserem. Mas, se não houver alguém que possa interpretar, devem permanecer calados na reunião da igreja, falando com Deus em particular (vv.26-28).

FALANDO SOBRE O ASSUNTO

O que é, afinal, a interpretação de línguas?

Em grego, dom diz-se χάρισμα (charisma), que quer dizer "presente oferecido de boa vontade". A interpretação de línguas é a manifestação de um dom, portanto, é um presente do Espírito Santo. Por isso, é importante que façamos a distinção entre tradução e interpretação. Quando pensamos em outro idioma, compreendemos facilmente que há ali uma língua em ação, e conseguimos entender seu conceito ao aprendermos seu vocabulário e traduzirmos as palavras. No entanto, não conseguimos fazer o mesmo com as "línguas estranhas", pois elas não são alcançadas pelo nosso intelecto, somente pelo nosso espírito (1 CORÍNTIOS 14:14). Tanto que nem sempre será possível interpretar toda a mensagem, somente as partes que o Senhor quiser nos revelar. Não é sobre gramática e contagem de palavras. Precisamos da unção do Espírito Santo e, à vista disso, mesmo que seja por nosso intermédio, é Ele quem se manifesta e nos permite interpretar.

Qual é o papel da interpretação à igreja?

Nós bem sabemos que Deus não nos concede dons para que eles favoreçam apenas a nós mesmos, e especificamente o dom de interpretação é concedido para a edificação da Sua Igreja, como Paulo bem escreve aos coríntios. As "línguas estranhas" têm esse adjetivo exatamente porque nos são estranhas, fogem à nossa compreensão natural, mas Deus deseja revelar verdades espirituais aos Seus filhos — e perceba o uso da palavra filhos, pois a interpretação de línguas pressupõe edificação coletiva. Ora-se em línguas para que o Espírito Santo produza edificação em nosso íntimo, mas quando Deus deseja nos revelar mensagens proféticas, que confirmem a autenticidade da Sua Palavra, Ele faz com que todos entendam o recado. É como Paulo diz: "...numa reunião da igreja, prefiro dizer cinco palavras compreensíveis que ajudem os outros a falar dez mil palavras em outra língua" (1 CORÍNTIOS 14:19). Consideremos, também, isto: imagine que haja pessoas descrentes em sua igreja bem no dia em que os irmãos resolveram orar em línguas de maneira profunda, essa manifestação certamente afastará essas pessoas porque nada do que foi dito fará sentido para elas. Veja, não estou dizendo que não se pode orar em línguas na igreja, mas uma das funções dos cultos públicos é que mais pessoas se convertam a Jesus; como contribuiremos com isso se elas não entenderem o significado da mensagem que está sendo transmitida? Ela não edificará nem mesmo àqueles que já são cristãos!

Mas como saber se tal interpretação é mesmo do Espírito?

João nos adverte que nem tudo o que parece ser inspirado por Deus verdadeiramente o é; o inimigo também pode nos enganar com falsas profecias. Portanto, cabe a nós, membros do Corpo de Cristo, colocarmos à prova (1 JOÃO 4:1-6) e avaliarmos com sabedoria o que está sendo dito (1 CORÍNTIOS 14:29). Precisamos, portanto, orar e pedir discernimento para que o Espírito nos confirme a verdade. Devemos lembrar, também, do que comentamos no ponto anterior (isto é, a interpretação diz respeito a verdades espirituais de Deus para nós); nesse caso, uma interpretação de línguas não pode contradizer o que está escrito na Bíblia, pois Aquele que a revelou não se contradiz. Pensemos também que as revelações do Pai despertam arrependimento e convencem a respeito do pecado mediante a verdade, que é Cristo.

Quão maravilhoso é saber que Deus concede esse dom aos Seus filhos para que os Seus mistérios se tornem compreensíveis a nós! Que saibamos usá-lo com sabedoria a fim de promover a comunhão entre os irmãos.

QUESTÕES PARA DEBATE

1. Sendo um dom do Espírito Santo, o que você pensa a respeito da manifestação da interpretação de línguas?
2. Você consegue se lembrar de alguma situação em que presenciou esse dom em ação? Você o tem presenciado com frequência? Se não, por quê?
3. Por que você acha que Deus deseja revelar os Seus mistérios a nós?

ORAÇÃO

Pai, quão bom é saber que, mesmo não tendo a capacidade de compreendermos tudo o que há em Teu reino, Tu ainda nos concedes a graça de conhecer os Teus maravilhosos mistérios por meio do Espírito Santo. Agradeço-te por nos concederes os dons espirituais. Ajuda-nos a manifestá-los com sabedoria e de acordo com a Tua vontade. Que jamais sejamos enganados por aqueles que se dizem Teus profetas. Em nome de Jesus. Amém!

ISABELY BORGUEZANI
Letras Português — UTFPR

JESUS, O EXEMPLO DE SERVO

SEMANA 36

ONDE ENCONTRAR NA BÍBLIA?

ROMANOS 12:6-7
Deus, em sua graça, nos concedeu diferentes dons [...]. Se tiver o dom de servir, sirva com dedicação.

1 CORÍNTIOS 6:19-20
Vocês não sabem que seu corpo é o templo do Espírito Santo, que habita em vocês e lhes foi dado por Deus? Vocês não pertencem a si mesmos, pois foram comprados por alto preço. Portanto, honrem a Deus com seu corpo.

FILIPENSES 2:5-8 NAA
Tenham entre vocês o mesmo modo de pensar de Cristo Jesus, que, mesmo existindo na forma de Deus, não considerou o ser igual a Deus algo que deveria ser retido a qualquer custo. Pelo contrário, ele se esvaziou, assumindo a forma de servo, tornando-se semelhante aos seres humanos. E, reconhecido em figura humana, ele se humilhou, tornando-se obediente até a morte, e morte de cruz.

Nos anos em que estamos na universidade temos a oportunidade de conhecer pessoas com os mesmos interesses que os nossos e, também, com aquelas que são bem diferente de nós. A diversidade é algo marcante e podemos aprender muito sobre a cultura de outros estados e até países, como também a ajudar e a receber ajuda durante este período.

Quando ouvimos sobre o Espírito Santo, um dos ensinos bíblicos que recebemos é de que todo aquele que entrega sua vida a Jesus, recebendo-o em seu coração, passa a ser templo, habitação, morada do Espírito Santo (1 CORÍNTIOS 6:19). Com isso, recebe dons espirituais para edificar a própria vida e a de outros. Nesse sentido, a Bíblia nos ensina que há uma variedade de dons, e o dom de servir é um deles.

FALANDO SOBRE O ASSUNTO

▶ Servir é um dom

O dom de servir é uma dádiva concedida por Deus (ROMANOS 12:6-7), por isso, há pessoas que servem ao próximo com muito amor, dedicação e altruísmo. Elas sempre ajudam, acolhem, constroem pontes e evitam levantar muros. Estas são aquelas que, embora estejam sempre prontas a ouvir sobre as dificuldades e problemas enfrentados por alguém, não param por aí. Elas são servos que colocam, verdadeiramente, a "mão na massa", procurando fazer tudo o que está ao alcance delas para sanar as necessidades de quem os procura. Além disso, ao servir, elas têm a oportunidade de testemunhar — não apenas por meio de palavras, mas de maneira bem prática — sobre a transformação e a diferença que Jesus faz na vida delas.

▶ Jesus, nosso maior exemplo

Temos em Jesus o maior modelo de servo a ser imitado: "Tenham entre vocês o mesmo modo de pensar de Cristo Jesus [...], ele se esvaziou, assumindo a forma de servo, tornando-se semelhante aos seres humanos. E, reconhecido em figura humana, ele se humilhou, tornando-se obediente até a morte, e morte de cruz" (FILIPENSES 2:5-8).

É interessante observar que a palavra servo, tanto no Antigo quanto no Novo Testamento, na maioria das vezes, refere-se a escravo. Assim, Cristo assumiu a posição de escravo, de um servo, obedecendo e dependendo totalmente do Seu Senhor para cumprir a Sua missão. Ele renunciou aos Seus direitos e à Sua autonomia. Pediu água a uma mulher samaritana, viveu sem dinheiro, pegou emprestado um barco e um jumento, e até o Seu túmulo era emprestado. Renunciou, também, à sua imunidade. Ele se expôs à tentação, ao sofrimento, à limitação, à necessidade econômica e à dor. Assim, em tudo, Ele se identificou conosco. Por isso, sabe muito bem o que sentimos quando temos problemas, passamos por privações, sentimos fome ou sede, vivenciamos dores, perdemos aqueles a quem tanto amamos, somos tentados, sofremos ou choramos. Ele conhece essas coisas, porque as vivenciou na própria pele.

Segundo o relatório de Willowbank, redigido por uma equipe de 33 pastores, missionários e antropólogos cristãos e que fala a respeito da obra missionária, quando Jesus tomou a forma humana "Sua intenção era que a missão de Seu povo no mundo tomasse como modelo a Sua própria missão". Jesus é o nosso padrão de servo. Ele é o verdadeiro exemplo que devemos seguir!

Somos chamados para servir

Conhecemos mais sobre Deus e Sua vontade para nós quando estudamos a Bíblia e nos relacionamos com Ele por meio da oração. Quando fazemos isso, entendemos que o desejo de Deus para nós é que sejamos como Jesus sempre foi: um servo obediente (JOÃO 14:10-11). Muitas pessoas alcançam objetivos por sua eficiência e habilidade. Contudo, com Deus, em Sua obra, é preciso seguir os princípios do reino para alcançar os propósitos do reino. Não podemos perder de vista que Ele é o Senhor e a obra é dele (ISAÍAS 59:8). Assim, Deus deseja completar a Sua obra por meio de cada um de nós, mas precisamos ajustar a nossa vida, os nossos planos, os nossos objetivos a Ele e aos caminhos dele. Jesus disse: "Paz seja com vocês! Assim como o Pai me enviou, eu os envio" (JOÃO 20:21). Deus deseja nos usar, mas, para isso, precisamos nos colocar à Sua disposição, como servos fiéis, pois é Ele quem nos capacita e nos direciona em cada passo.

Jesus abriu mão de tudo por amor a nós e esse amor precisa nos motivar a amar o nosso próximo, a nos importarmos com os que sofrem, a respeitar e a servir os necessitados, a ajudar o outro e a olhar para as pessoas com compaixão.

QUESTÕES PARA DEBATE

1. Que tipo de ajuda você já recebeu ou prestou a alguém na universidade?

2. Quais suas maiores barreiras em se colocar à disposição de Deus para servir aos outros?

3. Quais as implicações em ser visto como um servo de Deus em seu ambiente universitário?

ORAÇÃO

*Querido Deus, agradeço-te por Teu amor e bondade para comigo.
Sou grato porque Jesus veio ao mundo, colocou-se em meu lugar, pagando
o preço pelos meus pecados, foi morto na cruz, ressuscitou e está vivo.
Agradeço-te porque Ele me conhece, me ama e entende muito bem como
me sinto, pois viveu neste mundo como um ser humano. Agradeço
pelo modelo de servo que Ele é. Ajuda-me a ser mais semelhante a Cristo.
Em nome de Jesus. Amém.*

WELLSIF RODRIGUES
Letras — UNIDERP / Teologia — STBSB/FABAT

ANOTAÇÕES

APRENDA COM JESUS

SEMANA 37

ONDE ENCONTRAR NA BÍBLIA?

MATEUS 11:29
Tomem sobre vocês o meu jugo. Deixem que eu lhes ensine, pois sou manso e humilde de coração, e encontrarão descanso para a alma.

JOÃO 13:17
Agora que vocês sabem estas coisas, serão felizes se as praticarem.

Como é importante aprender! Tudo que sabemos fazer, desde caminhar e falar até as minúcias da nossa profissão, foram ensinadas por alguém.

Muitas vezes o desafio de aprender algo na faculdade é enorme, e a aprovação na disciplina depende do nosso esforço quanto a isso. Na vida, também dependemos de aprendizado para tudo, e em algumas áreas nos faltam bons exemplos, como bons professores. Por meio de Jesus, o homem perfeito, podemos encontrar um exemplo para todas as áreas de nossa vida.

FALANDO SOBRE O ASSUNTO

Conforme nossa caminhada com Cristo progride, é muito saudável relembrarmos de coisas que o Espírito, por meio da Bíblia, nos ensinou. Lembro-me de certa leitura bíblica de um texto que já havia lido algumas vezes, em que as palavras "Jesus chorou" (JOÃO 11:35) foram como uma flecha quente em meu coração. Sempre carreguei muita culpa por me sentir triste e ser "chorona", mas quando entendi que o próprio Jesus havia chorado, veio um alívio à minha alma, uma espécie de acolhimento por parte do próprio Senhor. Foi como se Ele me dissesse: "Viu, tudo bem chorar, eu também chorei".

Em todas as coisas o Senhor Jesus se mostra como o Mestre perfeito, o modelo a ser seguido. No meu relacionamento com Cristo, vivenciei tanto episódios de aceitação e amor quanto de confronto e correção, pois o Senhor sempre deixou claro que eu devo aprender com Ele. Por isso, foi e tem sido uma jornada de aprendizado e transformação junto a Ele.

A Palavra de Deus diz: "Portanto, uma vez que estamos rodeados de tão grande multidão de testemunhas, livremo-nos de todo peso que nos torna vagarosos e do pecado que nos atrapalha, e corramos com perseverança a corrida que foi posta diante de nós" (HEBREUS 12:1). É maravilhoso ter essa "grande multidão de testemunhas", homens e mulheres de Deus, heróis da fé, guerreiros em missões, diligentes e piedosos, que vieram antes de nós, que nos inspiraram a prosseguirmos, "com perseverança", em nossa jornada de fé. Certamente, para serem citados como grandes exemplos de fé (HEBREUS 11), eles aprenderam a obedecer a voz de Deus. Isso é encorajador! Porém, antes de nos admirarmos com a postura dessas pessoas ou com qualquer coisa que tenham feito, "Mantenhamos o olhar firme em Jesus, o líder e aperfeiçoador de nossa fé..." (HEBREUS 12:2), o nosso modelo, nosso exemplo supremo, e nosso maior professor.

QUESTÕES PARA DEBATE

1. Quais partes de seu curso você considera mais difícil de aprender? Por quê?
2. Qual é, em sua opinião, a importância de um professor adequado?
3. De que maneira Jesus pode ensinar você, sendo seu Mestre e o maior modelo para sua vida?

ORAÇÃO

Amado Jesus, agradecemos-te por seres o nosso maior exemplo, por seres paciente em nos ensinar e por te preocupares em nos tornar parecidos contigo. Agradecemos-te pelo Espírito Santo que nos faz lembrar daquilo que aprendemos nas Escrituras e nos constrange a sermos praticantes da Palavra, e não somente ouvintes. Pedimos-te que nos ajudes a não desistir nas lições difíceis, e nos direciona ao amadurecimento que agrada ao Teu coração. Em nome de Jesus. Amém!

BRUNA SANTOS
Ciência do Solo — UFPR

ANOTAÇÕES

SEMANA 38

ASSIM COMO O SENHOR

No texto de Romanos 12:8 encontramos a palavra παρακαλέω (*parakaléō*), traduzida do grego como "aquele que está ao lado" para exortar ou consolar. Uma derivação desse termo é *parakletos*, e aparece na Bíblia como referência ao Espírito Santo, aquele que nos admoesta, consola, instrui e encoraja (JOÃO 14:16,26). Entretanto, encorajar alguém não é uma função exclusiva do Espírito Santo, ela também está disponível a nós como um dom que Ele nos concede.

Penso que o dom de encorajamento deve ser desejado e aperfeiçoado por todos, pois, além de expressar nossa prática das Escrituras e o amor ao nosso próximo, é uma recomendação do próprio Senhor (1 TESSALONICENSES 5:11; HEBREUS 10:24-25).

ONDE ENCONTRAR NA BÍBLIA?

ROMANOS 12:8
Se seu dom consistir em encorajar pessoas, encoraje-as...

1 TESSALONICENSES 5:11
Portanto, animem e edifiquem uns aos outros...

HEBREUS 10:24-25
Pensemos em como motivar uns aos outros na prática do amor e das boas obras. E não deixemos de nos reunir, como fazem alguns, mas encorajemo-nos mutuamente...

FALANDO SOBRE O ASSUNTO

O dom de encorajamento, também conhecido como dom de exortação, é o que nos motiva a nos importarmos com a vida do nosso irmão. Seja quando ele cede à tentação; precisa desabafar; diz estar sem esperança; tem um problema na vida pessoal ou em seus relacionamentos, ou qualquer outra coisa: é para esses momentos que somos chamados a encorajar e direcionar. Você pode até achar fácil encorajar ou instruir alguém, mas fazer isso à luz da Palavra de Deus só ocorre pela ação do Espírito Santo.

A dor que sentimos vendo nosso próximo sofrer por um pecado não se expressa apenas em palavras de consolo, mas em confronto e instrução sobre o que se deve fazer. A angústia que nos atinge quando vemos nosso irmão sem esperança alguma, se expressa além de um abraço e lágrimas e frases do tipo: "Vai ficar tudo bem", ao contrário, ela se transforma em encorajamento e um lembrete das promessas de Deus.

É um dom que se concentra em mostrar a aplicação prática da Palavra de Deus. Portanto, para que esse dom seja estimulado e aperfeiçoado, você precisa conhecer as Escrituras e estar cada vez mais sensível à voz do Espírito Santo a fim de que Ele convença o outro por meio da sua vida.

Eu enxergo a exortação como uma resposta que expressamos ao que Deus faz em todo tempo: "Louvado seja Deus, Pai de nosso Senhor Jesus Cristo, Pai misericordioso *e Deus de todo encorajamento*. Ele nos encoraja em todas as nossas aflições, para que, *com o encorajamento que recebemos de Deus, possamos encorajar outros* quando eles passarem por aflições. Pois, quanto mais sofrimento por Cristo suportarmos, mais encorajamento será derramado sobre nós por meio de Cristo. Mesmo quando estamos sobrecarregados de aflições, é para o encorajamento e a salvação de vocês. Pois, *quando somos encorajados, certamente encorajaremos vocês*, e então vocês poderão suportar pacientemente os mesmos sofrimentos que nós. Temos firme esperança de que, assim como vocês participam de nossos sofrimentos, também participarão de nosso encorajamento" (2 CORÍNTIOS 1:3-7 – ênfase adicionada).

Um exemplo bíblico disso é o de José, "a quem os apóstolos deram o nome Barnabé, que significa 'Filho do encorajamento'..." (ATOS 4:36). Barnabé, em diversas vezes, foi usado pelo Espírito Santo para incentivar, admoestar, ensinar e encorajar as pessoas que encontrava. E é exatamente isso que Deus espera de nós.

Existem pessoas sobre as quais você com certeza exerce algum tipo de influência: aquelas que sempre lhe procuram pedindo ajuda, seja um conselho ou uma oração; aquelas que confiam em você para confessar pecados ou desabafar sobre problemas muito difíceis e confidenciais. Isso é um tremendo privilégio, mas também exige a responsabilidade de zelarmos por cada uma dessas pessoas e cuidá-las assim como o Senhor zela e cuida de nós.

É nosso papel, como conhecedores da Palavra e cristãos mais maduros, confrontar em amor, aconselhar, motivar, ensinar e direcionar. Agindo no Espírito de Deus, uma palavra ou uma oração que fazemos tem o poder de destravar o destino de alguém, de libertá-lo das mentiras e dos pecados de estimação, de reanimá-lo para perseverar, de levá-lo a um relacionamento mais sincero e profundo com o Senhor.

Escolha ser um Barnabé para as pessoas que o Senhor tem colocado em sua vida, e deseje vê-las crescendo e amadurecendo na fé em Cristo e no conhecimento das Escrituras a fim de que obedeçam aos mandamentos e persistam na prática de boas obras.

QUESTÕES PARA DEBATE

1. Alguém já desabafou sobre algum problema, confessou algum pecado ou pediu conselho a você? Você usou a própria opinião, ou instruiu essa pessoa à luz da Palavra de Deus?

2. Pense nas pessoas com que convive e sobre como pode exercer o dom de encorajamento na vida delas. Você está preparado para ajudá-las conforme as necessidades que apresentam?

3. Você se lembra de algum momento em que foi encorajado ou exortado por alguém? O que mudou em sua vida após esse dia?

ORAÇÃO

Senhor, lembra-me de cada momento em que me confrontaste, que me aconselhaste em tomadas de decisão e que me instruíste nos Teus caminhos; pois eu quero perceber como minha vida mudou após cada exortação e consolo vindos de ti. Peço-te, ainda, que me concedas a oportunidade de fazer o mesmo com o meu próximo a fim de que ele também perceba o quanto vale a pena confiar em ti e perseverar. Agradeço-te pelo Teu Espírito Santo, que age como o Consolador que me conforta e admoesta. Em nome de Jesus. Amém!

JULIA SCHMALZ
Psicologia — UFGD

MORDOMOS

SEMANA 39

ONDE ENCONTRAR NA BÍBLIA?

ROMANOS 12:6-8

Deus, em sua graça, nos concedeu diferentes dons. Portanto, se você tiver a capacidade de profetizar, faça-o de acordo com a proporção de fé que recebeu. Se tiver o dom de servir, sirva com dedicação. Se for mestre, ensine bem. Se seu dom consistir em encorajar pessoas, encoraje-as. Se for o dom de contribuir, dê com generosidade. Se for o de exercer liderança, lidere de forma responsável. E, se for o de demonstrar misericórdia, pratique-o com alegria.

Você já ouviu falar sobre dons? Bom, na universidade observamos um grande fato: cada um de nós possui dons específicos e individuais, mas, em grande parte do tempo, relutamos em atender o que Deus tem nos chamado para fazer.

Quando eu estava em missões integrais, como missionário pela *Fire & Fragrance Brazil*, não possuía condições de ter um emprego formal, pois trabalhava 24/7 para Jesus (aos olhos humanos, eu não recebia nada em troca, apenas perdia). Porém, um ponto era sempre reforçado: "Missões se fazem com os pés dos que vão, com os joelhos dos que oram e com as mãos dos que contribuem". Diante disso, precisamos nos atentar para qual é a nossa parte na missão; será que não é a de exercer o dom de contribuir?

FALANDO SOBRE O ASSUNTO

↳ Contribuir é algo realmente bíblico?

Sim, pois em 2 Coríntios 8:6-15 há certa explicação sobre "o dom de contribuir" (v.8). E, quanto a isso, compartilho um breve resumo da abordagem apresentada pelo pastor Hernandes Dias Lopes sobre essa passagem: "A semente da multiplicação não é a que comemos, mas a que semeamos. Hoje suprimos a necessidade de alguém, amanhã esse alguém pode suprir a nossa necessidade. A vida dá muitas voltas. O provedor de hoje pode ser o necessitado de amanhã. O próprio campo onde semeamos hoje tornar-se-á a lavoura frutuosa que nos alimentará amanhã".

Nos evangelhos, aproximadamente 25% das falas de Jesus eram sobre nossos recursos materiais, pois Seus ensinamentos também visam que Seus discípulos sejam bons mordomos. Ou seja: Ele nos explica que tudo o que temos não é realmente nosso, mas uma oportunidade que Deus nos dá para cuidarmos do que é dele e servirmos outros.

↳ Um dom para os ricos?

Observamos "o dom de contribuir" na vida de várias pessoas na Bíblia, por exemplo: Barnabé, que "...vendeu um campo que possuía e entregou o dinheiro aos apóstolos" (ATOS 4:37), e de Tabita, que sempre "...fazia o bem às pessoas e ajudava os pobres" (ATOS 9:36). Entretanto, hoje é muito comum ver pessoas levantarem barreiras para servir dessa maneira, e as justificativas são muitas: "Ah, eu não tenho esse dom, afinal, não tenho recursos para isso"; "Isso é coisa para os ricos" etc. Contudo, deparamo-nos com o seguinte: "Assim, completem o que começaram. Que a boa vontade demonstrada no princípio seja igualada, agora, por contribuição. Doem proporcionalmente aquilo que possuem" (2 CORÍNTIOS 8:11). Observe, Paulo não diz: "apenas as pessoas que possuem muito", ele recomenda isso a todos os que possuem alguma coisa.

Veja esta declaração: "Todos os que creram estavam unidos em coração e mente. Não se consideravam donos de seus bens, de modo que compartilhavam tudo que tinham" (ATOS 4:32). Diante disso, podemos entender que a contribuição é basicamente um chamado universal aos filhos de Deus.

↳ Deus olha para o coração

A Palavra de Deus nos diz: "Cada um deve decidir em seu coração quanto dar. Não contribuam com relutância ou por obrigação. 'Pois Deus ama quem dá com alegria'" (2 CORÍNTIOS 9:7). Logo, devemos contribuir conforme a nossa condição, afinal: "Deem e receberão. Sua dádiva lhes retornará em boa medida, compactada, sacudida para caber mais, transbordante e derramada sobre vocês. O padrão de medida que adotarem será usado para medi-los" (LUCAS 6:38).

Observe outros dois momentos em que o dom de contribuir foi exercido. Um diz respeito às igrejas da Macedônia que eram "...provadas com muitas aflições, mas sua grande alegria e extrema pobreza transbordaram em rica generosidade" (2 CORÍNTIOS 8:1-2); o outro é esta narrativa sobre a qual devemos fundamentar a nossa contribuição: "Jesus sentou-se perto da caixa de ofertas do templo e ficou observando o povo colocar o dinheiro. Muitos ricos contribuíam com grandes quantias. Então veio uma viúva pobre e colocou duas moedas pequenas. Jesus chamou seus discípulos e disse: 'Eu lhes digo a verdade: essa viúva depositou na caixa de ofertas mais que todos os outros. Eles deram uma parte do que lhes sobrava, mas ela, em sua pobreza, deu tudo que tinha'" (MARCOS 12:41-44).

Esses exemplos nos revelam que "o dom de contribuir" não diz respeito à quantia que você oferece, mas sim onde está o seu coração quando oferta. Deus merece as nossas primícias e não as nossas sobras, afinal, Ele é digno do nosso 100% e não apenas de 10% de nós.

QUESTÕES PARA DEBATE

1. Como você entende o ser mordomo de Cristo? Você tem exercido o dom de contribuir? De que maneira?

2. Como é a atitude do seu coração quando oferta? Qual sua verdadeira motivação?

3. Reflita nisto: "Acaso estou tentando conquistar a aprovação das pessoas? Ou será que procuro a aprovação de Deus? Se meu objetivo [é] agradar as pessoas, não [sou] servo de Cristo" (GÁLATAS 1:10).

ORAÇÃO

Senhor, acaso tenho sido um mau mordomo do que Tu tens depositado em minhas mãos e em meus cuidados? Peço-te perdão, mas clamo que a Tua boa mão seja sobre a minha vida a fim de que me ensines a agir e, principalmente, a administrar os dons que me tens concedido. Se acaso quiseres me usar para contribuir, reconheço que recebi esse dom de ti, e digo: "Eis-me aqui, usa-me para louvor da Tua glória". Que eu seja simplesmente um instrumento em Tuas mãos, e que as bênçãos que Tu tens me dado sejam usadas para glorificar o Teu nome, afinal, sou servo de Cristo e não do mundo. Em nome de Jesus. Amém.

VINICIUS PIRES
Psicologia — FPP / Teologia — FABAPAR

ANOTAÇÕES

MESTRE E SENHOR

SEMANA 40

ONDE ENCONTRAR NA BÍBLIA?

JOÃO 13:12-15

Depois de lavar os pés deles, Jesus vestiu a capa novamente, retornou a seu lugar e perguntou: "Vocês entendem o que fiz? Vocês me chamam 'Mestre' e 'Senhor', e têm razão, porque eu sou. E uma vez que eu, seu Senhor e Mestre, lavei seus pés, vocês devem lavar os pés uns dos outros. Eu lhes dei um exemplo a ser seguido. Façam como eu fiz a vocês.

FILIPENSES 2:3

Não sejam egoístas, nem tentem impressionar ninguém. Sejam humildes e considerem os outros mais importantes que vocês.

Dentro do contexto em que vivemos, existem autoridades em diversos assuntos. A maioria dos professores possui uma qualificação avançada, mas, mesmo entre eles, existem aqueles que se destacam. Chamamos tais pessoas de "autoridades no assunto", seja ele qual for. Pessoas detentoras de autoridade são, muito frequentemente, imponentes e apresentáveis, demandam honra e se comportam de um modo diferente do comum.

Cristo, como a figura central de nossa vida, detém a maior e a mais completa autoridade sobre tudo e todos. Contudo a forma como Ele, Mestre e Senhor, se comportou ao lidar com os outros confronta o que estamos habituados a relacionar à tal posição que exige de nós respeito.

FALANDO SOBRE O ASSUNTO

É comum vermos pessoas que possuem autoridade, um cargo ou notório conhecimento em algo receberem honra ou pompa e, às vezes, até esperarem por isso conforme vão a eventos e lugares. Seguranças, carros especiais, motoristas, chefs de cozinha especiais, são apenas algumas das coisas que as autoridades geralmente recebem em seu dia a dia.

Quão estranho é pensar que a pessoa mais poderosa do mundo nasceu em um estábulo, trabalhou numa marcenaria e andou num jumentinho! É importantíssimo lembrar que Jesus, o Rei da Glória, o Soberano dos reis da Terra, o dono de tudo e Senhor sobre todas as coisas, "não considerou que ser igual a Deus fosse algo a que se apegar. Em vez disso, esvaziou a si mesmo [...] e nasceu como ser humano... (FILIPENSES 2:6-7), ou seja, Ele intencionalmente decidiu viver como e entre nós, de forma tão simples que pessoas com muito menos poder e importância jamais aceitariam.

O Senhor nos diz que é correto chamá-lo de Mestre e Senhor, mas que devemos observar com atenção e seguir o Seu exemplo, lavando os pés uns dos outros. Em mais esse aspecto, Jesus nos surpreende subvertendo a ordem das coisas e nos convida a exercer autoridade e liderança como Ele, isto é, servindo. Dentro da sociedade em que Jesus viveu, o servo que lavava os pés dos convidados era o mais insignificante, pois era uma tarefa péssima e humilhante a ser realizada. E foi exatamente esse papel que o Senhor decidiu desempenhar para nos mostrar como deve ser nossa visão de liderança, nossa meta como autoridade.

Enquanto nos preparamos para a nossa vida profissional e enquanto amadurecemos no convívio com os irmãos em Cristo, Jesus nos fornece o modelo de como agir caso conquistemos algum cargo de liderança e autoridade em nossa vida. Jamais devemos nos esquecer do exemplo de humildade e serviço que Jesus nos deixou; devemos observá-lo praticando. Que sejamos gratos por termos um Deus tão gracioso e sigamos esse exemplo divino no trato com nossos liderados e pessoas ao nosso redor.

QUESTÕES PARA DEBATE

1. Você já encontrou alguém famoso, cercado de seguranças e fotógrafos? Como foi essa experiência?
2. Em algum ponto da sua caminhada, você já se pegou demandando tratamento especial por algum motivo?
3. Em seu curso, de que maneira você pode exercer liderança baseada no modelo que Jesus ensinou?

ORAÇÃO

Amado Jesus, como é bom aprender com o Senhor! Agradeço-te por nos deixares aprender contigo, Tu que és manso e humilde de coração. Pedimos-te que nos abençoes com o coração correto caso cheguemos a alguma posição de liderança. Jesus, queremos ser como Tu és. Abre nossos olhos e corrige o nosso coração quando exigirmos algo que o Senhor não aprova. Mantém-nos olhando para o Teu precioso exemplo de humildade. Que busquemos ser semelhantes a ti em cada aspecto de nossa vida. Em nome de Jesus. Amém!

BRUNA SANTOS
Ciência do Solo — UFPR

ANOTAÇÕES

SEMANA 41

COMPAIXÃO DO CORAÇÃO

Vivemos em um mundo cheio de pessoas tentando viver da melhor maneira que conseguem, em meio a uma geração que está tão focada em si mesmo e na própria felicidade que parece ter desenvolvido uma voz própria: tudo falam, mas nada ouvem. Assim, o conceito milenar do que é ouvir está cada vez mais fraco (para não dizer em vias de extinção).

Ouvir é perceber pelo sentido da audição, mas é também prestar atenção, atender à voz do outro. E essa voz pode, por vezes, ser de uma necessidade. Como filhos de Deus, somos desafiados a, misericordiosamente, atender a essa voz.

Diante disso: O que é misericórdia? Para que serve? Onde ela se encaixa em nosso dia a dia cheio de compromissos, e em nossa busca por cumprimento de metas?

ONDE ENCONTRAR NA BÍBLIA?

LUCAS 6:36
Sejam misericordiosos, assim como seu Pai é misericordioso.

TIAGO 3:17
Mas a sabedoria que vem do alto é, antes de tudo, pura. Também é pacífica, sempre amável e disposta a ceder a outros. É cheia de misericórdia e é o fruto de boas obras. Não mostra favoritismo e é sempre sincera.

FALANDO SOBRE O ASSUNTO

A palavra *misericórdia* vem da junção das palavras latinas *miserere* (miséria) e *cordis* (coração). Ter misericórdia significa tomar para o coração a miséria do outro, ou seja, ter compaixão das pessoas. Também dizemos que uma pessoa teve misericórdia de alguém quando ela poupa o outro de um castigo merecido.

De acordo com o profeta Jeremias, as misericórdias do Senhor "são inesgotáveis [...] se renovam cada manhã" (LAMENTAÇÕES 3:22-23), ou seja, todos os dias Deus "zera" a nossa conta e, assim, Ele nos livra do castigo que merecemos por sermos pecadores. Como filhos de Deus, somos chamados a imitarmos o nosso Pai, sendo santos como Ele é santo (1 PEDRO 1:15-16), sendo justos como Ele é justo (MATEUS 5:44-45) e sendo misericordiosos como Ele é misericordioso (LUCAS 6:36). Sendo assim, isso significa que devemos renovar as nossas misericórdias sobre os outros todas as manhãs, em outras palavras, se alguém faz algo que nos ofende, devemos perdoar de novo e de novo, assim como Deus nos perdoa de novo e de novo a cada dia. Devemos desenvolver compaixão pelas pessoas e aprender a ter empatia ao vê-las passando por dificuldades. Dessa maneira, por nosso intermédio, elas poderão perceber e sentir o amor que Deus tem por elas.

Mediante o amor que Deus derramou sobre nós quando enviou Jesus para morrer na cruz pelos nossos pecados, amamos uns aos outros e amamos aqueles que ainda não conhecem o Pai. E estes, que estão perdidos, conhecerão a Deus por nosso intermédio ao amarmos e sermos misericordiosos, visto que no mundo não tem havido espaço para misericórdia e compaixão. Assim, no lugar do perdão, há vingança; no lugar do amor, há ódio; e no lugar da misericórdia, há impiedade.

Diante disso, tenho a seguinte proposta: ao invés de vingança, perdoemos; ao invés de odiar, amemos; ao invés de impiedade, apresentemos a misericórdia ao mundo. Que ao perdoarmos, amarmos e sermos misericordiosos, o amor de Deus, por nosso intermédio, encontre os perdidos nas trevas e os conduza ao Caminho, à Verdade e à Vida: Cristo.

QUESTÕES PARA DEBATE

1. Você consegue perceber a compaixão de Deus na maneira com que Ele perdoa os nossos pecados renovando a misericórdia dele todos os dias sobre nós?

2. Você entende que misericórdia e o amor estão ligados um ao outro? De que maneira?

3. Você acredita que será mais fácil haver misericórdia por meio do amor? Por quê?

ORAÇÃO

Senhor Deus, agradeço-te, meu Pai, por renovares Tuas misericórdias a cada manhã sobre nós. Agradeço-te por perdoares as nossas falhas e os nossos pecados, por nos chamares para mais perto ti e nos abraçares com amor, apesar de, por vezes, afastarmo-nos facilmente da Tua presença. Peço-te que Tu nos ensines a amar mais a cada dia e que nos permitas enxergar a Tua misericórdia sobre nós. Peço-te que Tu nos ajudes a entender a importância de sermos misericordiosos, não apenas com os nossos irmãos, mas também com as pessoas que ainda não te conhecem. Em nome de Jesus. Amém!

MARIA L. AKATSUKA
Direito — UNIGRAN

ANOTAÇÕES

IGREJA LOCAL, UM LUGAR SEGURO?

SEMANA 42

ONDE ENCONTRAR NA BÍBLIA?

HEBREUS 10:25 NAA

Não deixemos de nos congregar, como é costume de alguns. Pelo contrário, façamos admoestações, ainda mais agora que vocês veem que o Dia se aproxima.

ATOS 2:42-44

Todos se dedicavam de coração ao ensino dos apóstolos, à comunhão, ao partir do pão e à oração. Havia em todos eles um profundo temor, e os apóstolos realizavam muitos sinais e maravilhas. Os que criam se reuniam num só lugar e compartilhavam tudo que possuíam.

Certo dia, eu estava na reunião do *Dunamis Pockets* na PUCPR e um rapaz me abordou, dizendo: "Cara, gostei muito da sua oração final, de qual igreja você é?". Agradeci, disse o nome da minha igreja e perguntei qual era a dele. Ele respondeu: "Eu não sou de igreja alguma, porque não acredito no formato atual das igrejas e, afinal de contas, a igreja somos nós (pessoas e não uma instituição)".

Várias pessoas pensam da mesma maneira, pois não têm um pingo de esperança em relação à Igreja do Senhor que se encontra nas instituições. Por mais que haja pessoas que compartilham da mesma opinião que esse rapaz, nossa responsabilidade, como crentes em Jesus, é transmitir o que a Bíblia diz sobre a importância de nos congregarmos como povo de Deus e, principalmente, sobre o amor do Senhor revelado à Sua Igreja.

FALANDO SOBRE O ASSUNTO

Quando o assunto é Igreja do Senhor, o anseio do coração de Deus é que sejamos uma família para que Ele possa habitar em nosso meio. Deveríamos, constantemente, parar e pensar: "O anseio de Deus é habitar em meio ao Seu povo" – isso deveria aumentar ainda mais o fervor em nosso coração.

O Dicionário Houaiss define o termo igreja como: "comunidade composta por cristãos; grupo de pessoas que têm as mesmas aspirações, as mesmas ideias, a mesma doutrina; edifício onde se reúnem os fiéis para exercer o seu culto". Essa definição está correta, porém incompleta. Pois, pela Bíblia, entendemos que a Igreja do Senhor (o Corpo de Cristo) é o ajuntamento de pessoas salvas por Cristo de diferentes denominações que possuem objetivos em comum (ATOS 2:42-44): amar a Deus sobre todas as coisas e ao próximo como a si mesmo, manifestar Cristo às pessoas, ser sal da Terra e luz do mundo, transmitir o evangelho à sociedade, ser uma família do Céu aqui na Terra etc. Por mais que tenhamos cultos com diferentes liturgias, o que manifesta o ser Igreja do Senhor é o "congregar".

Sempre encontramos pessoas que pensam como o rapaz que citei anteriormente; elas têm "alergia" à ideia de congregar. Infelizmente, de fato, há muitas pessoas que foram feridas de alguma forma no ambiente eclesiástico. Se a Igreja somos nós (pecadores redimidos), então fomos nós que as ferimos. Porém, sempre há o caminho do arrependimento, do perdão e da reconciliação. O que acontece, muitas vezes, é que a pessoa ferida se frustra com a igreja local, pois espera perfeição nela, e por isso se torna contrária à Igreja. O que não podemos aceitar é que haja uma normatização para falas como: "Todo membro já foi abusado de alguma forma (espiritual, emocional ou fisicamente)"; "Toda igreja manipula seus membros para lhes tirar dinheiro"; "Toda igreja sonega impostos"; "Todo pastor já adulterou", entre outras. Obviamente, não somos ingênuos a ponto de achar que esses erros não acontecem, visto que de fato acontecem, mas não em todas as igrejas. Todas as vezes que vejo notícias sobre algum escândalo envolvendo igrejas, meu coração sangra — e tenho certeza de que o coração de Deus sangra ainda mais (JOÃO 2:13-16).

O mundo nos perguntará: "Para que serve a igreja?"; "Não é mais fácil fazer parte de um movimento do que de uma igreja?"; "Por que devemos acreditar em uma instituição que já foi tão corrompida?"; "Por que devo fazer parte de uma igreja, sendo que conheço uma pessoa que foi ferida emocionalmente por um pastor?"; "Por que devo dizimar em uma igreja, sendo que muitos pastores desviam dinheiro?". A melhor forma de respondermos a essas perguntas não é debatendo teologia, mas sim formando igrejas saudáveis que sejam verdadeiramente bíblicas.

Por mais falha e imperfeita que uma igreja local seja, e por mais difícil que seja de lidar com ela, ainda assim é por meio dela, do ajuntamento dos salvos em Cristo, que o Senhor decidiu se revelar ao mundo. Certamente, o fato de uma igreja ser falha e imperfeita são motivos, ainda maiores, para buscarmos a correção. Contudo, é preciso ter em mente, que a igreja alcançará a perfeição plena apenas quando Cristo vier buscá-la.

Por fim, respondendo à pergunta que intitula nosso devocional: "Igreja local, um lugar seguro?", posso dizer, com plena convicção, que sim, a igreja local é um lugar seguro. Pois é melhor congregar em um lugar com pessoas no processo de santificação, mesmo que imperfeitas, do que se isolar e ser consumido pelo mundo. Jamais será possível ter a cabeça e negar o corpo, pois ter Cristo implica amar e fazer parte do Seu Corpo, a Igreja!

QUESTÕES PARA DEBATE

1. O que tem impedido você de congregar, de forma amável, em uma igreja local?
2. Você ama a igreja na qual congrega? Se sim ou não, por quais motivos?
3. Você tem sido "chacoalhado" por Deus para, não somente fazer diferença na sociedade, mas também em sua igreja local? De que forma?

ORAÇÃO

Senhor, que nossa oração seja como esta declaração do salmista:
"O zelo por tua casa me consome; os insultos dos que
te insultam caíram sobre mim" (Salmo 69:9). Que possamos amar a Tua
Igreja da mesma forma que Tu a amas. Que nos esforcemos
para desenvolver igrejas locais saudáveis que glorifiquem o Teu nome! Em
nome de Jesus. Amém!

JOÃO RECH
Psicologia — Dunamis Pockets PUCPR

SEMANA 43

CONECTADOS

Durante a pandemia do COVID-19 muitas igrejas ficaram fechadas, e sentimos falta de estar em comunhão com nossos irmãos. Nesse período, compreendi a importância do Corpo de Cristo, e a necessidade de estarmos unidos, avançando em direção ao alvo e cumprindo a Grande Comissão: ir, pregar o evangelho e fazer discípulos.

Sabemos que um corpo é considerado corpo somente quando está unido aos seus membros. Assim também é com um galho fora da árvore, que não é considerado parte da árvore, além de não conseguir produzir frutos por si mesmo (JOÃO 15:4-5). Dessa forma, entendemos a importância de estarmos conectados uns com os outros e em Cristo.

ONDE ENCONTRAR NA BÍBLIA?

ROMANOS 12:5

...assim é também com o corpo de Cristo. Somos membros diferentes do mesmo corpo, e todos pertencemos uns aos outros.

JOÃO 15:2-5

Todo ramo que, estando em mim, não dá fruto, ele corta. Todo ramo que dá fruto, ele poda, para que produza ainda mais. Vocês já foram limpos pela mensagem que eu lhes dei. Permaneçam em mim, e eu permanecerei em vocês. Pois, assim como um ramo não pode produzir fruto se não estiver na videira, vocês também não poderão produzir frutos a menos que permaneçam em mim. Sim, eu sou a videira; vocês são os ramos. Quem permanece em mim, e eu nele, produz muito fruto. Pois, sem mim, vocês não podem fazer coisa alguma.

FALANDO SOBRE O ASSUNTO

Como Igreja, o Corpo de Cristo (1 CORÍNTIOS 12:27), precisamos entender a excelência de estarmos conectados uns com os outros, pois um membro sozinho, embora tenha as suas determinadas funções, não consegue realizá-las com eficiência se estiver desconectado do Corpo. Do mesmo modo, se um dos membros sofre, todos padecem com ele, tendo em vista que fazem parte do mesmo corpo (vv.25-26). Necessitamos dos nossos irmãos para podermos nos aperfeiçoar em amor e juntos alcançarmos "a completa medida da estatura de Cristo" (EFÉSIOS 4:13), "que é a cabeça" (v.15), mediante a ação do Espírito Santo em nós.

Entretanto, muitas pessoas não conseguem viver em harmonia umas com as outras dentro do Corpo de Cristo, pois gostariam de ter as funções de outros membros. Todavia, Deus fez cada parte de acordo com a necessidade do corpo ao qual pertencem, ou seja, mesmo que seja o menor membro, aquele que nos parece ser quase imperceptível, a sua função é de extrema importância para que o corpo fique bem e cumpra o seu propósito (1 CORÍNTIOS 12:12-27). Todos nós somos parte de extrema importância em nossas comunidades, e quando estamos unidos com Cristo, realizamos feitos incríveis.

Jesus, em João 15:2-5, faz uma comparação entre a videira e o Corpo de Cristo: pois assim como um galho não consegue produzir frutos sozinho, todo aquele que não estiver em Jesus, não conseguirá produzir frutos para o reino de Deus. Muitas vezes, em nossa caminhada cristã, sentimo-nos autossuficientes e queremos fazer tudo sozinhos, achando que seremos melhores e mais rápidos dessa forma. Por conta disso, não pedimos o conselho e a ajuda de Deus, e muito menos a ajuda de nossos irmãos. Entretanto, quando entendemos que somos membros de um corpo (e não algo isolado) e que é na junção das partes que a vida desse corpo acontece de maneira plena, passamos a valorizar o estar conectados uns aos outros com o propósito de gerar frutos para a eternidade. Que sejamos partes que juntas expressem vida, cuidando para que "haja harmonia entre os membros, de modo que todos cuidem uns dos outros" (1 CORÍNTIOS 12:25), e demostrem um "estilo de vida que supera os demais" (v.31).

QUESTÕES PARA DEBATE

1. Você consegue entender a importância de estar conectado com os outros membros do Corpo de Cristo, ou tem se isolado procurando fazer as coisas do seu modo?
2. O que você tem feito para não desprezar o seu lugar, a sua função, no Corpo de Cristo?
3. Quais têm sido as suas ações para gerar frutos eternos?

ORAÇÃO

Pai, agradeço-te pelo privilégio de fazer parte do Corpo de Cristo. Que eu cumpra a minha função e seja flexível para me conectar com os outros membros do Teu Corpo. Que, assim, possamos juntos produzir frutos para o Teu Reino eterno. Que o Senhor nos dê ousadia para alcançarmos vidas com o evangelho na universidade e coragem para vivermos a Tua Palavra na prática. Em nome de Jesus. Amém!

EMILLY SCHISSLER
Comunicação organizacional — UTFPR

ANOTAÇÕES

FÃ CLUBE GOSPEL

SEMANA 44

ONDE ENCONTRAR NA BÍBLIA?

JOÃO 2:13-16
Era quase época da festa da Páscoa judaica, de modo que Jesus subiu a Jerusalém. No pátio do templo, viu comerciantes que vendiam bois, ovelhas e pombas para os sacrifícios; também viu negociantes, em mesas, trocando dinheiro estrangeiro. Jesus fez um chicote de cordas e os expulsou a todos do templo. Pôs para fora as ovelhas e os bois, espalhou as moedas dos negociantes no chão e virou as mesas. Depois, foi até aqueles que vendiam pombas e lhes disse: "Tirem essas coisas daqui! Parem de fazer da casa de meu Pai um mercado!".

ROMANOS 11:22
Observem como Deus é, ao mesmo tempo, bondoso e severo. É severo com os que lhe desobedecem, mas é bondoso com vocês, desde que continuem a confiar em sua bondade. Mas, se deixarem de confiar, também serão cortados.

Vivemos tempos difíceis! Não é de hoje que ouvimos pregações que focam somente em alguns atributos de Deus e ignoram os demais. Com isso, pregam um evangelho incompleto, focado apenas no "Deus é amor" (1 JOÃO 4:8). De fato, Deus é amor, mas Ele também é justiça e muito mais. Ademais, a visão das pessoas acerca de Jesus foi completamente distorcida.

Hoje há inúmeras pessoas que se dizem cristãs, porém, elas não se arrependem da prática do pecado. O "jesus" delas é fofinho, carinhoso, impotente e não se importa com os pecados delas. Esse "jesus ursinho de pelúcia" é uma criação cultural de um povo que não quer abandonar a idolatria de si mesmo. Assim, algumas igrejas se tornaram como um fã clube gospel, pois pregam um "jesus" que não é o mesmo Jesus que encontramos na Palavra de Deus.

FALANDO SOBRE O ASSUNTO

Em João 2:13-16, vemos Jesus expulsando os comerciantes do Templo. O motivo: "Parem de fazer da casa de meu Pai um mercado!" (v.16). Para os participantes do fã clube gospel, é quase impossível imaginar Jesus tratando alguém dessa forma, afinal, Jesus pregava o amor. Se a visão sobre Deus for distorcida, jamais se considerará Jesus expulsando comerciantes do Templo com um chicote. Então, para termos uma visão correta sobre quem Deus é, precisamos conhecê-lo. E quando o conhecemos, ficamos sabendo que Ele é eterno, infinito, imutável, onisciente, onipotente, onipresente, fiel, bondoso, justo, misericordioso, gracioso, amoroso, santo, soberano etc. Logo, acreditar que existem atributos que se sobressaem em relação a outros é crer em mentiras.

Em Romanos 11:22, Paulo não pergunta se Deus é bom ou severo, Ele afirma que "Deus é, ao mesmo tempo, bondoso e severo". Ou seja, Ele é bom para os Seus filhos, mas severo para com os desobedientes. E quem são os desobedientes? Jesus responde dizendo quem são os obedientes: "Aqueles que aceitam meus mandamentos e lhes obedecem são os que me amam. E, porque me amam, serão amados por meu Pai..." (JOÃO 14:21). Dessa forma o Senhor afirma que os desobedientes são aqueles que não o amam de todo o coração, e é sobre estes que recai a ira de Deus.

Paulo escreveu: "A ira de Deus se revela do céu contra toda impiedade e injustiça dos seres humanos que [...] suprimem a verdade" (ROMANOS 1:18 NAA). Infelizmente, para alguns esse versículo soa quase como uma heresia. Questionam: "Como assim a ira de Deus se revela? Deus não é amor?". Quanto a isso, a ira e o amor, Russell Shedd afirmou: "Estas duas emoções são reais e essenciais em Deus: uma é despertada pela justiça e a outra pelo pecado. A existência de uma necessita da existência da outra; assim, se não houver amor pela justiça, não haverá ódio pelo pecado; e, reciprocamente, se não houver ódio pelo pecado, não haverá justiça. A coexistência necessária destes sentimentos é continuamente ensinada na Bíblia: 'Vós que amais o Senhor, detestai o mal' (SALMO 97:10)".

A. W. Tozer, falando acerca da justiça de Deus, disse: "A justiça de Deus para sempre se erguerá em absoluta severidade contra o pecador. A vaga e tênue esperança de que Deus seria bom demais para punir os profanos vem se tornando um anestésico mortal para a consciência de milhões de pessoas. Ela cala seus medos e lhes permite praticar toda forma de agradável iniquidade enquanto a morte se aproxima dia a dia, e o mandamento de arrependimento cai em ouvidos moucos. Como seres morais responsáveis, não ousamos brincar com o futuro eterno".

Se essa reflexão terminasse aqui, traria apenas condenação, porém, a boa notícia é que Jesus, por meio do Seu sacrifício na cruz, nos livrou da ira de Deus. Cristo como a propiciação pelo nosso pecado é a mais completa expressão do amor de Deus por nós. "É nisto que consiste o amor: não em que tenhamos amado a Deus, mas em que ele nos amou e enviou seu Filho como sacrifício para o perdão de nossos pecados" (1 JOÃO 4:10). Nas palavras de Erroll Hulse: "Aqui está o amor eficaz, um amor determinado a salvar, um amor que foi tão longe, a ponto de transferir a ira dos que a mereciam para Aquele que nos amou de tal maneira que somente Ele estava preparado a suportá-la. Com base na mesma propiciação, toda a graça comum e benevolente é manifestada; a ira, contida; o julgamento, adiado". Deus é amor, mas o amor não é Deus. O atual fã clube gospel precisa voltar a ser a Noiva de Cristo! Afinal, Jesus não quer fãs, Ele deseja discípulos!

QUESTÕES PARA DEBATE

1. Você tem vivido o evangelho, e este completo? O que confirma isso?
2. Você participa de um fã clube gospel ou da Igreja do Senhor? De que maneira isso se demonstra?
3. Como desconstruir essa visão de um "jesus ursinho de pelúcia" em nossa sociedade, ou até mesmo em nossa própria vida?

ORAÇÃO

Pai, ajuda-nos a pregar o evangelho, de forma completa! Que jamais venhamos a negociar os Teus preceitos e menosprezar os Teus atributos. Não permitas que ignoremos as verdades absolutas da Tua Palavra! Que nossa pregação não tenha como objetivo alargar a porta que o Senhor disse que é estreita, mas, ao mesmo tempo, que na universidade ou em qualquer outro lugar não sejamos agentes de condenação. Que venhamos a amar a Tua Igreja e que possamos contribuir para que ela permaneça saudável. Ajuda-nos, Senhor! Queremos fazer-te conhecido! Em nome de Jesus. Amém!

JOÃO RECH
Psicologia — *Dunamis Pockets* PUCPR

SEMANA 45

A MATURIDADE ESPIRITUAL CHEGA QUANDO?

Uma pessoa é considerada madura espiritualmente quando desenvolve uma forte convicção de propósito e significado na vida, quando tem uma profunda compreensão de seus próprios valores e aplica essa fé em sua vida cotidiana e, apesar de estar inserida em um ambiente que possui crenças e valores diferentes dos seus, ela permanece firme em suas convicções.

A maturidade espiritual pode ser fortalecida por meio da compaixão, empatia, oração, leitura bíblica e humildade. Essa é uma jornada a ser desenvolvida até o fim da vida e deve ser o objetivo de todo cristão.

ONDE ENCONTRAR NA BÍBLIA?

EFÉSIOS 4:14

Então não seremos mais imaturos como crianças, nem levados de um lado para outro, empurrados por qualquer vento de novos ensinamentos, e também não seremos influenciados quando tentarem nos enganar com mentiras astutas.

1 TESSALONICENSES 4:1

Finalmente, irmãos, pedimos e incentivamos em nome do Senhor Jesus que vivam para agradar a Deus, conforme lhes instruímos. Vocês já vivem desse modo, e os incentivamos a fazê-lo ainda mais.

FALANDO SOBRE O ASSUNTO

✍ Com os pés firmes na Rocha

Você deve estar se questionando sobre seus próximos anos na faculdade: "Será que estou pronto para viver esse tempo em minha vida? Será que darei conta de tudo que terei que fazer? Quem serão meus amigos?". E, sobretudo, em relação a sua vida espiritual: "Será que conseguirei me manter firme em minha fé em um ambiente tão divergente?". Os questionamentos são pertinentes, haja vista a juvenilidade em que os alunos ingressam na universidade. A base da convicção espiritual desses estudantes precisa estar alicerçada em chão firme para que as "ondas" dos ensinamentos progressistas não derrubem a casa construída sobre a areia. Ao ingressar pelas portas da universidade é necessário aprofundar-se na caminhada com Cristo, passar tempo em oração pedindo a Deus sabedoria para resistir aos dias maus. Não é possível permanecer em Cristo se o galho estiver longe da videira.

Construa sua fé sobre a Rocha nos anos da sua juventude na universidade, a fim de que suas convicções não sejam abaladas quando ouvir ensinamentos diferentes dos de Cristo. Quando filósofos ateus se pronunciarem, ore. Peça para Deus iluminar seus pensamentos e lembrá-lo de sua caminhada com o Mestre dos mestres. Não troque sua fé por mentiras astutas e vazias. Peça a Deus discernimento e meios para compartilhar a sua fé. Lembre-se: Ele é o Bom pastor e de nada você tem falta.

✍ A fim de agradar a Deus

A verdadeira maturidade espiritual acontece quando colocamos Deus em primeiro lugar em nossa vida. É necessário estar diante do trono do Senhor diariamente. Paulo, em 1 Tessalonicenses 4:3-5, exorta a igreja a viver em santidade: "...mantenham-se afastados de todo pecado sexual. Cada um deve aprender a controlar o próprio corpo e assim viver em santidade e honra, não em paixões sensuais, como os gentios que não conhecem a Deus". Ao agradar a Deus escolhemos dizer não a nós mesmos e ao que é "normal" ao mundo. O apóstolo ainda ensina: "Acaso estou tentando conquistar a aprovação das pessoas? Ou será que procuro a aprovação Deus? Se meu objetivo fosse agradar as pessoas, não seria servo de Cristo" (GÁLATAS 1:10). Paulo não cedeu as influências de sua época. Seguiu firme em suas convicções a ponto de ser torturado, preso e, posteriormente, morto.

O preço da imaturidade

Quando a vida cristã é construída em solo movediço, tudo vem abaixo. A centralidade do evangelho está em Cristo. A centralidade dos ensinos na universidade estão no ser humano. Eis aí o grande perigo. Quando olhamos demais para nós mesmos, nos envaidecemos, acreditamos não precisar de Deus e vivemos nossos dias na autossuficiência.

A inteireza do ser humano só existe quando ele se conecta com o Criador. O propósito só é alcançado quando negamos a nós mesmos. Como diz o teólogo Timothy Keller: "A essência da humildade resultante do evangelho não é pensar em mim mesmo como se eu fosse mais nem pensar em mim mesmo como se eu fosse menos; é pensar menos em mim mesmo. [...] Na verdade, deixo de pensar em mim mesmo. É a liberdade que vem do autoesquecimento. É o descanso bendito que somente o autoesquecimento nos oferece" (*Ego Transformado* — Ed. Vida Nova, 2014).

Que, em seu tempo de universidade, você procure agradar a Cristo e não a si mesmo ou aos outros. Que você seja a influência do Senhor ali para mudar vidas por meio do poder do Espírito Santo que habita e age em você.

QUESTÕES PARA DEBATE

1. Como é possível obter maturidade espiritual mesmo sendo tão jovem?
2. Quais são as consequências da imaturidade espiritual?
3. Dê algum exemplo em que procurou agradar a Deus ao invés de agradar as pessoas.

ORAÇÃO

Senhor Jesus, agradeço-te porque Tu, acima de todas as coisas, procuraste fazer a vontade do Pai. Ajuda-me a viver da mesma forma. Auxilia-me a crescer em conhecimento da Tua pessoa e da Tua Palavra. Perdoa-me pelas vezes que não estou conectado à videira verdadeira e me enfraqueço na fé. Usa-me poderosamente, com a Tua luz, para influenciar os ambientes em que estou inserido. Desejo agradar somente a ti. Em nome de Jesus. Amém!

LETÍCIA PERDONSIN
Teologia — FABAPAR / Pedagogia — UFPR

ANOTAÇÕES

SEMANA 46 — ENVIADOS PARA ONDE?

Quando ouvimos a palavra *missão*, qual a primeira coisa que nos vem à mente? É bem provável que seja largar tudo e ir pregar o evangelho na África. Embora, essa seja realmente uma das formas de fazer missão, não podemos reduzi-la apenas a isso. De fato, todo aquele que crê no nome de Jesus está em missão.

O "ide", descrito em Mateus 28:19, é claro e pertinente a todo aquele que está inserido no Corpo de Cristo. Pregar o evangelho e fazer discípulos não são ações restritas a campos missionários distantes de nós. A nossa missão como discípulos de Jesus começa em nosso bairro, em nossa sala de aula, em nosso trabalho, e assim por diante. Jamais impactaremos o mundo se não transformarmos, primeiramente, os nossos arredores.

ONDE ENCONTRAR NA BÍBLIA?

1 REIS 19:21

Eliseu voltou para sua parelha de bois e os matou. Usou a madeira do arado para fazer fogo e assar a carne. Distribuiu a carne para o povo da cidade, e todos eles comeram. Então partiu com Elias, como seu ajudante.

MATEUS 28:18-20

Jesus se aproximou deles e disse: "Toda a autoridade no céu e na terra me foi dada. Portanto, vão e façam discípulos de todas as nações, batizando-os em nome do Pai, do Filho e do Espírito Santo. Ensinem esses novos discípulos a obedecerem a todas as ordens que eu lhes dei. E lembrem-se disto: "estou sempre com vocês, até o fim dos tempos".

FALANDO SOBRE O ASSUNTO

🕮 **Enviado aos irmãos**

Muitas vezes recebemos uma palavra do Senhor sobre nosso ministério, e queremos a execução dela para ontem, mas, ao analisarmos os grandes exemplos da Bíblia, observamos que todos os servos de Deus precisaram esperar por anos até a realização da missão. Como, por exemplo, Davi, que, mesmo tendo sido ungido rei de Israel pelo profeta Samuel, ainda precisou esperar aproximadamente entre 15 a 18 anos para que, de fato, assumisse o trono aos 30 anos (2 SAMUEL 5:4). Mas, antes dessa missão, o coração dele já era segundo o coração de Deus, e ele estava sendo preparado, em seu lar, para esse propósito maior. Ele cuidava das ovelhas do seu pai (1 SAMUEL 16:11), porém, certa ocasião, levou suprimentos aos seus irmãos que lutavam contra os filisteus (17:20-22), e essa tarefa, inclusive, oportunizou a Davi enfrentar o gigante Golias. Portanto, esse exemplo nos ensina que antes de querermos executar a missão diretamente em campo, devemos servir com excelência a nossa casa, tanto a familiar quanto a espiritual, na igreja, com zelo e disciplina.

🕮 **Enviado aos perdidos**

A palavra igreja no original grego Ἐκκλησία (*Ekklesia*) significa "chamados para fora", isso nos sugere não apenas ser chamados para fora do mundo, mas que também não devemos nos acomodar dentro de quatro paredes, em comunhão com nossos irmãos na fé. Obviamente isso é importante, mas não é tudo quando o assunto é ser Igreja do Senhor. Jesus disse: "...vão e façam discípulos"; ora, nossos irmãos em Cristo já são discípulos de Jesus, então precisamos sair em busca daqueles que estão perdidos sem o Senhor, e estarmos prontos para acompanhar os recém-chegados ao Reino de Deus. Para isso, no entanto, precisamos ter uma boa base de ensino bíblico e de princípios fundamentais da vida cristã, a fim de conhecermos os processos.

O primeiro passo é ter um coração apaixonado por Jesus, e olhar para os perdidos com o olhar de compaixão do Senhor, amando-os. Falar é muito mais simples do que realmente praticar, porque em ambientes como a faculdade ou na escola, dentre outros, nós cristãos podemos ser motivo de chacota, considerados retrógrados e afins. No entanto, precisamos permanecer firmes nas promessas de Jesus, pois "felizes os perseguidos por causa da justiça..." (MATEUS 5:10). Também devemos ter a mesma atitude de Jesus, pois enquanto estava sendo cruelmente crucificado, rogou: "Pai perdoa-lhes, pois não sabem o que fazem..." (LUCAS 23:34).

Enviado para a missão

Se você ainda não entendeu o que está acontecendo nos dois tópicos anteriores, eles são como uma indicação para chegar a este terceiro: o cumprimento do chamado. Contudo, primeiro, é necessário saber qual é o seu chamado, pois o "ide", no sentido de missões transculturais, não é algo genérico. Paulo, em Efésios 4:11, menciona cinco ministérios, indicando que cada filho de Deus tem um chamado específico na edificação do Reino do Senhor. Qual seria o seu? Após isso, a segunda coisa que precisamos ter em mente é que o cumprimento do seu chamado não é algo que acontece do dia para a noite. Ele precisa ser construído, forjado, moldado, e isso acontece durante o seu processo de amadurecimento no Senhor. Porém, independentemente da sua função no Corpo de Cristo (1 CORÍNTIOS 12), há uma missão conferida a todos os discípulos: tornar Cristo conhecido e pregar o evangelho para que pessoas sejam salvas.

Ore e discirna no Espírito Santo sobre a sua missão e a execute com todo o zelo e amor, "[trabalhe] com dedicação e [sirva] ao Senhor com entusiasmo" (ROMANOS 12:11).

QUESTÕES PARA DEBATE

1. Quais dificuldades você sente ao apresentar o evangelho a pessoas da sua turma?

2. Você tem desenvolvido amizades com o intuito de tornar Cristo conhecido? Se sim, como?

3. Você conhece o seu chamado específico na edificação do Reino de Deus? De que forma você o tem exercido, ou há algum medo que o paralisa quanto a isso?

ORAÇÃO

*Senhor Jesus, ajuda-nos a ouvir a Tua voz
nos direcionando pelo caminho que o Senhor quer que andemos.
Livra-nos de todo medo e da tentação de vivermos apenas
para nós mesmos. Envia a cada um de nós segundo a Tua palavra,
e usa-nos como instrumento para o Teu reino. Agradecemos-te
pelo privilégio de fazer parte do que o Senhor está fazendo no mundo.
Em nome de Jesus. Amém!*

WILLIAM WATSON
Engenharia Mecânica — Jesus na UFPR

ANOTAÇÕES

SEMANA 47
CRESCENDO EM MEIO ÀS PROVAÇÕES DA VIDA

É muito comum encontrar pessoas tementes a Deus que, mesmo fazendo a vontade do Senhor, passam por provações e processos intensos na vida, processos estes que muitas vezes geram dor e sofrimento. Por que será que uma pessoa que obedece ao Senhor passa por provações? Humanamente falando, não temos resposta para isso.

Jó, na Bíblia, passou por momentos dificílimos sem saber por qual razão sofria tanto, e sem entender o que teria feito para merecer tamanho infortúnio. Qual seria a intenção de Deus em permitir o sofrimento na vida de seus filhos? Inclusive daqueles que estão, de fato, andando em Seus caminhos? Seria Deus injusto? Ou então, será que essas pessoas estão pecando em sua jornada? Até quando o sofrimento perdurará?

ONDE ENCONTRAR NA BÍBLIA?

GÁLATAS 4:1
Portanto, pensem da seguinte forma: enquanto não atingir a idade adequada, o herdeiro não está numa posição muito melhor que a de um escravo, apesar de ser dono de todos os bens.

HEBREUS 5:8
Embora fosse Filho, aprendeu a obediência por meio de seu sofrimento.

TIAGO 1:2-4
Meus irmãos, considerem motivo de grande alegria sempre que passarem por qualquer tipo de provação, pois sabem que, quando sua fé é provada, a perseverança tem a oportunidade de crescer. E é necessário que ela cresça, pois quando estiver plenamente desenvolvida vocês serão maduros e completos, sem que nada lhes falte.

FALANDO SOBRE O ASSUNTO

🔊 Criação e Consumação

Precisamos entender que a humanidade não foi criada para o sofrimento. Isso pode ser concluído se observarmos como era o mundo na criação (antes do pecado) e na consumação (depois da vinda de Jesus). Deus quando criou o mundo, colocou o homem e a mulher no jardim do Éden (GÊNESIS 1–2), lá não havia sofrimento algum ou pecado, e a presença de Deus habitava a Terra de maneira plena, porém, essa realidade muda com a queda (a entrada do pecado no mundo, como lemos em Gênesis 3). Entretanto, Deus promete redenção (v.15), oferecendo salvação por meio do Seu filho, Jesus (JOÃO 1:12), e, posteriormente, a consumação, ao fim da história, onde todas as coisas descritas na Bíblia se cumprirão e habitaremos com o Senhor na plenitude de Sua presença.

Então, qual a diferença entre esses dois momentos na história, criação e consumação, para os dias de hoje? O pecado! O homem escolheu pecar e, por isso, iniciou-se a calamidade sobre a Terra. Portanto, antes de pensar que Deus é injusto ao permitir o sofrimento, é preciso entender que a verdadeira justiça será aquela em que as pessoas sofrerão eternamente por conta do pecado, por traírem o seu Criador. Deus advertiu que o pecado traria morte, mas o homem escolheu cometê-lo mesmo assim, consequentemente, dor e sofrimento é o que a humanidade merece, apesar de Deus não tê-la criado para isso.

🔊 A redenção por meio do sofrimento

É importante compreendermos que mesmo que tenhamos entregado a nossa vida a Jesus, estejamos obedecendo a Deus em vez de ceder ao pecado e caminhando com o Senhor; ainda assim, continuamos suscetíveis ao sofrimento. Isso acontece, em grande parte das vezes, por conta da nossa imaturidade. Deus permite o sofrimento para provar a nossa fé, que por sua vez gerará perseverança, e com o crescimento da perseverança, a maturidade (TIAGO 1:4). A maturidade nos dá acesso à herança de Cristo (GÁLATAS 4:1) e nos torna cada vez mais completos em Jesus. Paulo escreve: "...todos que são guiados pelo Espírito de Deus são filhos de Deus" (ROMANOS 8:14). No grego, a palavra usada para *filhos* nesse versículo é υἱός (*huios*), que designa os filhos maduros. Portanto, aqueles que possuem essa maturidade são guiados pelo Espírito de Deus, e conhecem a vontade e o propósito do Pai para realização de todas as coisas. Logo, se até mesmo Jesus, o Filho unigênito de Deus, "aprendeu a obediência por meio do seu sofrimento" (HEBREUS 5:8), não há como esperar algo diferente para nós que somos filhos adotados em Cristo. Esse processo de obediência e amadurecimento é necessário, e ele acontece pelo sofrimento.

Missão durante o sofrimento

Assim, a missão de cada um de nós em momentos de sofrimento é pedir a ajuda de Deus para perseverarmos, sem lamentar ou murmurar sobre o que estamos passando. Deus deseja que Seus filhos se aproximem dele e peçam para que Ele os ensine o que é necessário aprender ou se arrepender, a fim de que Deus possa amadurecê-los e torná-los mais relevantes em Seu reino. Afinal, como o sofrimento teve início por conta do pecado da humanidade, o que Deus como um bom Pai (o mais perfeito Pai) está fazendo é levar Seus filhos à correção para que, por meio dela, aprendam a viver de maneira cada vez mais plena da presença dele.

QUESTÕES PARA DEBATE

1. O que você faz durante momentos de sofrimento e provação? Murmura, ou enxerga a situação como uma oportunidade para crescer?

2. Cite exemplos de momentos de sofrimento que resultaram em maturidade.

3. Qual você julga ser a maneira mais madura de enfrentar momentos de dor e sofrimento?

ORAÇÃO

Senhor, ajuda-nos a perseverar em momentos de provações e de sofrimento. Ajuda-nos a aprender a não murmurar ou reclamar de ti pelo que passamos, e a dar graças em tudo. Ensina-nos a sermos filhos que aceitam a Tua correção, que crescem em perseverança e que se tornam maduros em obediência. Não permitas que sejamos imaturos enquanto vivermos aqui. Examina-nos, Senhor, e olha para nosso coração. Prova-nos e sonda nossos pensamentos. Mostra-nos se em nós há algo que te ofende e conduze-nos pelo caminho eterno. Torna-nos cada vez mais parecidos com o Teu Filho, Jesus. Nós te agradecemos por seres o nosso Pai e nos amar tanto a ponto de nos disciplinar. Em nome de Jesus. Amém!

PEDRO MANTOVAN
Engenharia de Controle e Automação — UTFPR / Time Rede

ANOTAÇÕES

SEMANA 48

DELE É O REINO

Ouve-se muito falar de jovens cristãos que têm medo de adentrar a vida universitária e perder a sua fé. Porém, poucos sabem que as primeiras universidades, inclusive as melhores do mundo hoje, foram justamente fundadas por cristãos, e boa parte delas foi pensada para fins de educação religiosa. Harvard, por exemplo, foi criada com o intuito de formar pastores puritanos. Contudo, isso se perdeu ao longo da história, e hoje o que caracteriza essa universidade, como muitas outras, são o ateísmo, as festas e as ideologias contrárias ao que o evangelho prega.

Como Igreja do Senhor, no que será que nós erramos para que o objetivo da universidade tenha se perdido tanto e, com isso, ela ganhasse uma identidade tão contrária à sua original?

ONDE ENCONTRAR NA BÍBLIA?

JOSUÉ 1:6-9

Seja forte e corajoso, pois você conduzirá este povo para tomar posse da terra que jurei dar a seus antepassados [...]. Relembre continuamente os termos deste Livro da Lei. Medite nele dia e noite, para ter certeza de cumprir tudo que nele está escrito. Então você prosperará e terá sucesso em tudo que fizer. Esta é minha ordem: Seja forte e corajoso! Não tenha medo nem desanime, pois o Senhor, seu Deus, estará com você por onde você andar.

APOCALIPSE 5:9-10

Pois foste sacrificado e com teu sangue compraste para Deus pessoas de toda tribo, língua, povo e nação. Tu fizeste delas um reino de sacerdotes para nosso Deus, e elas reinarão sobre a terra.

FALANDO SOBRE O ASSUNTO

᪲ Alteração de perspectiva

É necessário que os cristãos amadureçam a sua perspectiva ao entrarem na universidade. Ela não é um lugar em que Deus não tenha mais jurisdição, cuja missão aparentemente fracassou ali. O jovem universitário não está fadado ao pecado, tampouco a faculdade é o lugar em que o cristão precisa passar se esforçando e torcendo para não perder a sua fé. A universidade é um lugar que, desde a sua origem, foi designado para ser do Senhor. Portanto, é necessário que todo cristão, ao adentrar na universidade, comece enxergando-a como um campo missionário que ele influenciará, a fim de que o reino do Senhor seja propagado ali. A Bíblia afirma que Jesus nos fez "um reino de sacerdotes..." (APOCALIPSE 5:10), e a função do sacerdote é representar Deus aqui na Terra. Logo, se não estamos representando o Senhor com a autoridade que nos é concedida por meio de Jesus Cristo, então, não estamos agindo como integrantes do Seu reino. Assim sendo, o cristão universitário também precisa ser um agente de transformação para as pessoas ao seu redor, dispondo de fé e conhecimento de quem Jesus o fez para ser.

᪲ Foco nas promessas

Lembro-me de que ao final do meu primeiro ano na universidade, o Senhor tocou meu coração e me deu a convicção de que Ele já havia conquistado aquele lugar para si. No momento, admito que fiquei meio confuso, já que ao olhar para aquele local, isso não parecia fazer sentido algum, mas, aos poucos, fui começando a compreender. Jesus estava me levando ao entendimento que Ele deu a Abraão quando disse que daria, a esse herói da fé, a terra de Canaã. Abraão não tomou posse de todo território que lhe fora prometido durante sua vida, Canaã foi conquistada séculos depois pelo povo de Israel, sob a liderança de Josué. Deus prometeu a Abraão e cumpriu o que prometeu, contudo, somente no tempo de Deus. Além disso, o Senhor não concedeu simplesmente a terra ao povo, Ele os levou a caminhar, em fé, sobre Suas promessas a fim de conquistá-la. É necessário entendermos que, como "povo escolhido, reino de sacerdotes, nação santa, propriedade exclusiva de Deus", Ele nos chamou para conquistar a terra que Ele já prometeu nos dar, a fim de "mostrar às pessoas como é admirável aquele que os chamou das trevas para sua maravilhosa luz" (1 PEDRO 2:9). Talvez não seja na sua geração, mas se Deus o colocou ali, Ele o chamou para seguir esse caminho perseverando nas promessas que Ele já fez.

Não tenha medo

Pensar sobre tudo isso pode trazer medo e insegurança, pois talvez você não se ache bom o suficiente para tal missão. No entanto, uma coisa boa que posso afirmar quanto a isso é que ninguém é bom o bastante, apenas Deus é bom de fato e tem poder para realizar tais obras. Além disso, Josué, quando foi chamado pelo Senhor para liderar o povo de Israel na conquista da Terra Prometida, também teve medo. Deus viu a insegurança dele e disse algo como: "Ei, não olhe para o que você acha que consegue fazer, olhe para mim e para o que Eu posso fazer". Deus afirmou que Josué não precisava temer, pois o Senhor estava presente com ele. O que cabe a nós realizar diante disso é: meditarmos na Sua palavra dia e noite e obedecermos a tudo o que Ele nos pedir (JOSUÉ 1:6-8). Ou seja, nosso chamado é ouvir o que o Senhor nos manda fazer e confiar que Ele cumprirá o que prometeu por nosso intermédio. Não é sobre você; todas as coisas são sempre inteiramente dele, por Ele e para Ele.

QUESTÕES PARA DEBATE

1. Cite atitudes práticas que podem ser incorporadas ao seu cotidiano a fim de que o ambiente, ao seu redor, não o influencie e o leve para longe do evangelho.

2. Como você acha que pode se tornar um agente de transformação em sua universidade?

3. De que maneira você pode aprender a não ter medo de fazer o que Deus lhe pede e a confiar plenamente nele?

ORAÇÃO

Senhor, toca meu coração para realizar a Tua vontade dentro da universidade em que estudo. Peço-te que me direciones em cada detalhe da minha missão ali. Que eu não realize atividades que o Senhor não me pediu, nem deixe de realizar aquelas que me pediste. Ensina-me a confiar em ti, plenamente, e a ter fé na Tua força e poder. Unge-me, Senhor, e concede-me sabedoria para realizar os Teus propósitos. Não permitas que eu caia em tentação, mas livra-me do mal. Que o Teu reino venha e a Tua vontade seja feita na universidade, como também em toda Terra. Pois a ti pertence o reino, o poder e a glória para sempre. Em nome de Jesus. Amém!

PEDRO MANTOVAN
Engenharia de Controle e Automação — UTFPR / Time Rede

ANOTAÇÕES

SEMANA 49

O DESPERTAR DA NOIVA

Quem nunca sonhou com o dia do próprio casamento? Penso que essa data pode ser uma das mais importantes na vida de alguém. Afinal de contas, quem não busca encontrar um grande amor para compartilhar objetivos, planos e sonhos?

O ser humano foi criado para relacionar-se e, por isso, o casamento pode ser uma das maiores satisfações na vida de qualquer pessoa. Da mesma forma, como o homem natural anseia por esse momento, há no coração de Jesus, o Noivo, o desejo de se casar com a Sua Noiva, a Igreja.

O Noivo já entregou o maior sacrifício para que a Noiva pudesse ser restaurada (EFÉSIOS 5:25-27). Isso é que é um amor verdadeiro! Mas e quanto à Noiva? Qual é o maior anseio dela? Estará ela desperta para viver esse romance eterno?

ONDE ENCONTRAR NA BÍBLIA?

CÂNTICO DOS CÂNTICOS 7:10
Eu sou de meu amado, e ele me deseja.

MATEUS 25:6
À meia-noite, foram acordadas pelo grito: "Vejam, o noivo está chegando! Saiam para recebê-lo!".

APOCALIPSE 19:7
Alegremo-nos, exultemos e a ele demos glória, pois chegou a hora do casamento do Cordeiro, e sua noiva já se preparou.

FALANDO SOBRE O ASSUNTO

↳ Perspectiva nupcial

Uma perspectiva é o modo pelo qual enxergamos determinado acontecimento. Figurativamente, é a lente que usamos para analisar todos os âmbitos da nossa vida, inclusive a maneira com que enxergamos o reino de Deus.

A perspectiva nupcial significa enxergar o reino através dos olhos de uma Noiva amada, a Igreja do Senhor, que está completamente deslumbrada pela beleza do Noivo, Jesus. Porém, para que você possa ver corretamente, não compare o amor de Jesus a nenhum outro apresentado a você nesta Terra. Qualquer romance terreno, seja os que vemos em filmes, peças de teatro ou qualquer outra circunstância, é temporal e limitado, não sendo comparável ao amor divino.

O amor de Jesus por Sua Noiva é poderoso e intenso, ele não desiste devido a mudanças ou erros (sejam eles pequenos ou grandes), é um amor que não pode ser destruído, pois "as muitas águas não podem apagar [esse] amor, nem os rios podem afogá-lo..." (CÂNTICO DOS CÂNTICOS 8:7). Creio que, por isso, há um desejo tão intenso no coração de Jesus para que Sua Noiva o perceba como Noivo. Dado que, uma vez apaixonada, a Igreja firma-se na convicção de que, independentemente de qualquer situação, não há coisas impossíveis para o amor do Amado.

↳ Despertando para o amor

A única maneira de receber a Jesus como Noivo é despertando para o amor. Em Mateus 25:1-13, encontramos a parábola das dez moças. Elas pegaram suas lâmpadas para sair ao encontro do Noivo e acabaram dormindo enquanto esperavam. No entanto, à "meia-noite, foram acordadas pelo grito: 'Vejam, o noivo está chegando! Saiam para recebê-lo'" (v.6).

Coloquemos essa parábola em nosso contexto. Nós somos a Igreja que está esperando Jesus, porém, as circunstâncias da nossa vida, muitas vezes, nos adormecem e nos levam a esquecer de que o Noivo está para chegar. No entanto, a trindade (Pai, Filho e Espírito Santo) continuamente grita aos ouvidos da Sua amada Noiva: "Desperte para o amor, o Noivo está vindo até você, Ele quer se revelar e viver esse romance eterno com você".

Jesus não deseja ser somente o Deus que nos concede aquilo que precisamos, Ele almeja ser o nosso tudo em tudo e, por conta disso, procura nos despertar, pois nada nos fará adormecer novamente uma vez que nossos olhos tenham sido abertos por Ele.

A Noiva guerreira

Uma vez que a Igreja entende sua identidade de Noiva e conhece o seu Noivo Jesus, um novo processo é iniciado. Neste mundo, sempre haverá uma batalha em nosso interior, Paulo mesmo disse: "Quero fazer o bem, mas não o faço. Não quero fazer o que é errado, mas, ainda assim, o faço" (ROMANOS 7:19). Todavia, a função da Noiva apaixonada é guerrear para que outros amores não tomem conta do seu coração a fim de que todo o seu ser — coração, alma, mente e forças (MARCOS 12:30) — seja exclusivamente do seu Amado. E a melhor maneira de ganhar essa batalha é experimentar, a cada dia, o amor do Noivo, saciando-se completamente nele e provando o prazer superior que somente Ele, Jesus, pode oferecer (CÂNTICO DOS CÂNTICOS 1:2). Esse amor não corre o risco de fracassar, pois não há ninguém mais interessado em vivê-lo do que o próprio Cristo. Desse modo, Jesus sempre convidará Sua Noiva a viver uma vida de intimidade com Ele. Assim, os segredos do Seu coração serão revelados e o afeto intensificado (SALMO 51:6) até o dia em que aconteça o encontro entre a Noiva e o Noivo (APOCALIPSE 19:7) e esse amor seja selado pela eternidade.

QUESTÕES PARA DEBATE

1. Você se reconhece como Noiva de Cristo? Se sim, de que maneira essa identidade tem afetado sua vida? Se não, o que impede que você viva dessa maneira?

2. Quais são as formas que o Pai, o Filho e o Espírito Santo têm usado para despertar você quanto ao amor do Senhor pela Sua Noiva, a Igreja?

3. Quais são os outros amores que têm batalhado pelo seu coração? De que maneira você acredita que poderá vencê-los a fim de entregar completamente seu amor a Cristo?

ORAÇÃO

Jesus, agradeço-te por te revelares como um Noivo apaixonado a cada um de nós. Sou grato porque o Teu amor não olha para os nossos erros, medos ou fracassos. Agradeço-te pelo Teu amor ser melhor do que qualquer coisa oferecida por este mundo, e por estares sempre buscando nos despertar. Peço-te que a identidade de Tua Noiva seja firmada na vida de cada um dos Teus filhos, e que Teu Espírito nos dê a convicção de que fomos criados para viver eternamente contigo. Em nome de Jesus. Amém!

GABRIELA OLIVEIRA
Direito — UniCuritiba

ANOTAÇÕES

SEMANA 50

O RETORNO DE JESUS

Existem similaridades entre a vida acadêmica e a esperança pelo retorno do Senhor Jesus Cristo. A preocupação com resultados ou prazos pode incorrer no risco de se negligenciar o método em função dos objetivos. Obter conhecimento e dominá-lo é uma boa solução para o problema das "notas". Quanto ao retorno de Jesus não é diferente! Existe a possibilidade de investirmos mais atenção na data do que no método de espera pelo Seu retorno. Se esperarmos corretamente, o encontro com Ele será algo natural visto que a comunhão com Ele é perene.

O bom aluno não negligencia prazos. A satisfação está em aprender e isto garante bons resultados. "Ele virá rapidamente; deixemos que estas palavras ecoem sempre em nossos ouvidos, agindo com mais diligência de tal maneira que sejamos encontrados por Ele em paz, sem manchas nem máculas."

ONDE ENCONTRAR NA BÍBLIA?

MATEUS 24:42-44
Portanto, vigiem, pois não sabem em que ocasião o seu Senhor virá. Entendam isto: se o dono da casa soubesse exatamente a que horas viria o ladrão, ficaria atento e não permitiria que a casa fosse arrombada. Estejam também sempre preparados, pois o Filho do Homem virá quando menos esperam.

2 PEDRO 3:3-11
Acima de tudo, quero alertá-los de que nos últimos dias surgirão escarnecedores que zombarão da verdade e seguirão os próprios desejos [...]. Contudo, o dia do Senhor virá como um ladrão [...]. Visto, portanto, que tudo ao redor será destruído, a vida de vocês deve ser caracterizada por santidade e devoção.

APOCALIPSE 22:20
Aquele que é testemunha fiel de todas essas coisas diz: "Sim, venho em breve!". Amém! Vem, Senhor Jesus!

FALANDO SOBRE O ASSUNTO

⇘ Convicção

O discípulo espera pelo retorno do Mestre porque isso lhe foi revelado. As palavras do Senhor Jesus Cristo asseguram a esperança cristã acerca de Seu retorno: "Sim, venho em breve!..." (APOCALIPSE 22:20). "Assim, no apocalipse de João, o cânon das Escrituras fecha e está completo, a Palavra de Deus e o testemunho de Jesus." O discípulo espera pelo retorno de maneira cristocêntrica: tudo converge em Cristo (MATEUS 11:28-30; MARCOS 2:10; LUCAS 9:23; JOÃO 12:32). O desejo de honrar o Mestre leva o discípulo a olhar para o futuro com a antecipação de que o encontro com Ele será algo marcado pela apresentação de um bom relatório. A empolgação com uma mordomia cristã fiel advém da valorização que o Redentor confere a cada um dos remidos (JOÃO 15:15; HEBREUS 2:11). Ele é a significação do discípulo conferindo sentido existencial àqueles que amam a Sua vinda. Nele os discípulos encontram a motivação maior para continuarem em plena produtividade.

⇘ Espera

O Senhor Jesus Cristo sofreu, morreu, ressuscitou, ascendeu aos Céus e voltará em glória para buscar os remidos; por conta disso, os discípulos se sentem valorizados em um relacionamento único. Cristo atribui valor aos 'coisificados' deste mundo. A interação diária com o Senhor e Salvador Jesus faz com que Ele se manifeste diariamente aos Seus. Em resposta à Sua promessa, a Sua Igreja responde "Amém!..." (APOCALIPSE 22:20). Isto evidencia o relacionamento constante com Ele não obstante os contextos apocalípticos onde tudo parece convulsionar em caos existencial mantendo os discípulos em sobriedade escatológica que os capacita para o futuro em preparação diária. Leon Morris num contexto marcado pelo medo argumenta: "Esta é a única fé [Jesus voltará] que ousa manter a si mesma numa era atômica". Resultados são alcançados porque existe uma intencionalidade na vida dos discípulos de Cristo Jesus (1 PEDRO 2:21). A espera por Ele é marcada pela certeza de Sua presença na pessoa do Espírito Santo que nos ajuda na preparação ininterrupta para o encontro com Cristo.

⇘ Fidelidade

A espera pelo retorno de Cristo é uma realidade concreta marcada por significação entre o *agora* e o *depois*. Em oração e meditação nos ensinos de Cristo, o discípulo desfruta de encontros diários com o Senhor Jesus Cristo por meio da ação do Espírito Santo. A intimidade com o Deus triúno de Israel levará o discípulo também a uma comunhão com outros membros da Igreja de Cristo. Juntos, eles esperam diariamente pela manifestação do Senhor e por Seu retorno glorioso: "E tais palavras de pacto [eis que cedo venho] e soberania divina são, em seus termos, aceitos pelo apóstolo e por todos os remidos". Cheios da alegria do Senhor Jesus Cristo, os remidos testemunharão respondendo com graça aos questionamentos e provocações desta vida. E ainda que testemunhas incorram em martírio, este será vivido com base na empolgação constante de um povo que disse, diz e dirá até o fim: "Amém! Vem Senhor Jesus" (APOCALIPSE 22:20).

QUESTÕES PARA DEBATE

1. Como a esperança pelo retorno do Senhor Jesus Cristo encoraja você a viver desejando o contínuo aperfeiçoamento de sua vida cristã?

2. O que podemos fazer a fim de experimentarmos as manifestações diárias do Senhor Jesus Cristo para nos ajudar a superar obstáculos e a nós mesmos até a Sua segunda vinda?

3. Quais passos práticos podemos dar a fim de zelarmos pela pessoa e pela causa do Senhor Jesus Cristo enquanto esperamos pelo Seu retorno?

ORAÇÃO

Pai nosso que estás no céu e ao mesmo tempo conosco, concede-nos graça para esperarmos com convicção pelo retorno do Teu filho Jesus Cristo. Pedimos-te que o Espírito Santo nos capacite para esta espera a fim de que ela seja marcada por muita serenidade. Pai, que a alegria do Senhor seja a nossa força pela manifestação diária da Tua presença, enquanto aguardamos pelo retorno final de nosso bendito Senhor e Salvador. Em nome de Jesus. Amém!

FLÁVIO AZAMBUJA
Pastor PIB de Dourados — MS

ESPERANÇA

SEMANA 51

ONDE ENCONTRAR NA BÍBLIA?

SALMO 39:7
Agora, Senhor, o que devo esperar? És minha única esperança.

ROMANOS 12:12
Alegrem-se em nossa esperança. Sejam pacientes nas dificuldades e não parem de orar.

1 PEDRO 3:15
Em vez disso, consagrem a Cristo como o Senhor de sua vida. E, se alguém lhes perguntar a respeito de sua esperança, estejam sempre preparados para explicá-la.

Acredito que você, assim como eu, já romantizou a esperança alguma vez em sua vida. Provavelmente você também só conseguiu entender o real significado e impacto da esperança quando precisou agarrar-se a ela. A esperança não deve ser despertada somente em dias e momentos difíceis, mas sim, ser levada como um princípio de vida.

Logo, como cristãos, se "nossa esperança em Cristo vale apenas para esta vida, somos os mais dignos de pena em todo o mundo" (1 CORÍNTIOS 15:19). Que o Senhor nos ajude a entender que a esperança que temos em Cristo nesta Terra, na realidade, significa viver a vida eterna com Ele enquanto esperamos pela Sua volta.

FALANDO SOBRE O ASSUNTO

A Bíblia nos ensina que a esperança faz parte da nossa caminhada cristã, inclusive porque o Senhor é a nossa esperança enquanto vivermos nesta Terra. Sendo isso verdade em nós e para nós, devemos nos atentar para isto que Paulo afirma: "Também nos alegramos ao enfrentar dificuldades e provações, pois sabemos que contribuem para desenvolvermos perseverança, e a perseverança produz caráter aprovado, e o caráter aprovado fortalece nossa esperança, e essa esperança não nos decepcionará, pois sabemos quanto Deus nos ama, uma vez que ele nos deu o Espírito Santo para nos encher o coração com seu amor" (ROMANOS 5:3-5). Logo, ter o caráter aprovado e a esperança que não decepciona é colocar nossa confiança na pessoa de Deus e em Seu amor por nós.

A esperança é uma pessoa

Algumas pessoas colocam sua esperança em coisas ou em relacionamentos e muitas vezes se frustram, pois tal confiança fora colocada sobre alguém ou algo circunstancial. Diante dessa realidade, o salmista nos indica o seguinte: "Senhor, o que devo esperar? És minha única esperança" (SALMO 39:7). Logo, não devemos colocar nossa esperança em coisas temporais, mais sim em uma única pessoa: Deus, aquele que é imutável, totalmente confiável, que enviou Seu Filho para morrer em nosso lugar, que nos salvou e nos adota como Seus filhos. Ele, como nosso Pai, deseja o melhor para todos nós.

A esperança como um princípio de vida

A esperança não deve estar presente somente nos momentos em que passamos dificuldades, porém, em toda a nossa vida. Paulo orienta à igreja de Roma: "Alegrem-se em nossa esperança. Sejam pacientes nas dificuldades e não parem de orar. Quando membros do povo santo passarem por necessidade, ajudem com prontidão" (ROMANOS 12:12-13). Assim, nossa esperança em Cristo deve tornar-se o nosso maior motivo de alegria e bem-estar, pois fomos salvos por Ele e temos a garantia da vida eterna com Ele. E não apenas isso, ao usufruirmos dessa esperança, somos impulsionados a compartilhá-la com os outros ao nosso redor.

A esperança precisa ser compartilhada

No momento em que entendemos que nossa esperança não está em coisas terrenas ou pessoas deste mundo, mas sim em Deus, nosso Pai, aquele que tem o melhor para todos nós, é impossível não compartilhar essa esperança salvadora com outros que dela carecem. Sendo assim, precisamos estar preparados para sermos agentes da esperança, para que se alguém nos "perguntar a respeito [da nossa] esperança", estejamos "sempre preparados para explicá-la" (1 PEDRO 3:15).

Porque na esperança fomos salvos... (ROMANOS 8:24-25 NAA)

...Cristo está em vocês, o que lhes dá a confiante esperança de participar de sua glória! (COLOSSENSES 1:27)

QUESTÕES PARA DEBATE

1. Em que ou em quem você tem colocado a sua esperança? Por quê?

2. Você carrega em sua vida a esperança que é Cristo? Como isso se demonstra?

3. De que maneira prática você pode ser um agente da esperança que temos em Deus?

ORAÇÃO

Senhor, ajuda-nos a nunca esquecer quem nos traz a verdadeira esperança. Sonda o nosso coração para que possamos identificar se temos colocado nossa confiança em algo ou alguém além de ti. Ensina-nos a sermos agentes da esperança, com a qual tens nos alegrado e fortalecido, na vida de todos os que nos cercam. Em nome de Jesus. Amém.

GIOVANA PONTES
Enfermagem — UniDomBosco

SEMANA 52

SEM FIM

A depender de como foi seu ano, muitos questionamentos podem estar chegando em seu coração. Se ele foi ótimo, por ter vivido tantas coisas incríveis, pode haver um certo temor de o próximo ano ser muito monótono, e de Deus não o surpreender tanto. Mas, talvez, você faça parte de um outro grupo de pessoas, aqueles que, por terem sido feridos e tão decepcionados durante esse ano, estão sem nenhuma perspectiva para o que virá no futuro. No fundo, querem apenas que esse ano acabe logo, para que ao menos consigam experienciar a sensação de recomeço.

Diante disso, quero compartilhar com você que existe uma eternidade que não é medida pelos 365 dias do ano, e que o Deus, o Senhor do tempo que guia os seus passos, sabe muito bem disso.

ONDE ENCONTRAR NA BÍBLIA?

ECLESIASTES 3:11

Deus fez tudo apropriado para seu devido tempo. Ele colocou um senso de eternidade no coração humano, mas mesmo assim ninguém é capaz de entender toda a obra de Deus, do começo ao fim.

JEREMIAS 29:11

*"Porque eu sei os planos que tenho para vocês", diz o S*ENHOR*. "São planos de bem, e não de mal, para lhes dar o futuro pelo qual anseiam."*

1 CORÍNTIOS 2:9

É a isso que as Escrituras se referem quando dizem: "Olho nenhum viu, ouvido nenhum ouviu, e mente nenhuma imaginou o que Deus preparou para aqueles que o amam".

FALANDO SOBRE O ASSUNTO

↬ Senso de eternidade

Durante um ano muitas coisas podem acontecer. Há fases tão intensas em que parecem ser dez anos em um, e por mais que no início do ano façamos um planejamento com metas e objetivos, no fim dele, sempre há uma coisa ou outra que não conseguimos realizar. A tendência do ser humano é, então, focar naquilo que não deu certo, em vez de valorizarmos aquilo que conseguiu romper e colocar em prática durante o ano. Quando estamos nesse lugar em que tentamos acertar e cumprir metas o tempo todo, acabamos nos perdendo do real propósito de nossa existência, que é o de andar com Deus. Nós, de fato, precisamos nos planejar e fazer as coisas com excelência, no entanto, esse não deve ser o objetivo principal da nossa vida.

Vejo Jesus como um amigo que nos lembra de quem somos para Ele. O Senhor nos enxerga como pessoas que não precisam impressionar a Deus com o que fazem, mas que aceitam a suficiência da obra que Ele efetuou na cruz. Por mais que você corra mil corridas e colecione troféus de coisas que conquistou, metas que cumpriu e tarefas que realizou, isso ainda não será o bastante para Ele. Pois Deus não quer os seus troféus e realizações, Ele quer você! Por isso, o Senhor colocou o senso de eternidade em nosso coração, visto que não se trata do que conseguimos fazer para Ele nesta Terra, mas da eternidade que já estamos experimentando em comunhão com Ele. Sendo assim, podemos viver algo além do comum: receber e usufruir do que Jesus realizou por nós. Quando a nossa mentalidade for transformada nesse aspecto, tudo que fizermos será como uma resposta Àquele que já fez tudo por nós, visto que nossas ações não serão mais uma tentativa de impressioná-lo ou de conquistar o Seu amor. Um coração que carrega o sendo de eternidade sabe que o que realmente define sua vida não é um troféu ou realizações, mas uma pessoa: Jesus.

↬ Pequeno demais para a eternidade

Quando começamos a ter consciência da eternidade, os problemas começam a ficar pequenos, e nossas dúvidas passam a não fazer mais sentido, pois se usarmos a eternidade como lente, nada mais será capaz de roubar a paz do nosso coração. Sejam as coisas terrenas que parecem incríveis ou até mesmo as terrivelmente desastrosas que podem acontecer, como, por exemplo, a ansiedade a respeito das coisas que ainda virão ao mundo. Tudo aqui se torna pequeno demais quando comparado à eternidade. Além disso, a frustração por conta de coisas que não conseguimos realizar dá lugar à revelação do que Deus fará por toda eternidade, e esta promessa é digna da nossa total confiança: "Olho nenhum viu, ouvido nenhum ouviu, e mente nenhuma imaginou o que Deus preparou para aqueles que o amam" (1 CORÍNTIOS 2:9).

Quando Jesus chega à nossa vida, Ele transforma toda a nossa realidade, traz ao nosso coração a perspectiva e o anseio pela eternidade, e redime o que parecia irredimível. Ele insiste e investe em nós por conhecer quem fomos, quem somos e por já ter a certeza daquilo que ainda nos tornaremos com Ele.

QUESTÕES PARA DEBATE

1. Você tem conseguido usufruir do que Deus já realizou a seu favor sem tentar impressioná-lo? Caso não, observe o que pode ser mudado em sua mentalidade.
2. Ao olhar para a sua vida, você consegue perceber aspectos que têm tirado o seu foco da eternidade? Quais seriam eles?
3. Quais podem ser as formas práticas de compartilhar a eternidade no ambiente da universidade no próximo ano?

ORAÇÃO

Pai, desejamos usufruir da eternidade ainda aqui, na Terra. Queremos viver para o Senhor sem tentar te impressionar. Ensina-nos a aceitar plenamente o que Tu já fizeste por nós na cruz. Alinha as intenções do nosso coração a ti para que possamos usufruir de um novo começo e, em nosso dia a dia, da Tua presença. Ajuda-nos a manifestar quem Tu és em nossa família, na universidade e em qualquer lugar que estivermos. Agradecemos-te por colocares o senso de eternidade em nosso coração, ajuda-nos a viver na perspectiva dela todos os dias. Em nome de Jesus. Amém!

SAMARA LEAL
Fisioterapia — *Pockets* UESB

ANOTAÇÕES

ANOTAÇÕES

ANOTAÇÕES

Aplicativo
Pão Diário
UNIVERSITÁRIOS

BAIXE AGORA!

Aponte a câmera do seu celular para o QR Code.

Acesse o site, **baixe** o App **e seja abençoado** com este presente!